「空き家」に困ったら最初に読む本

ファイナンシャルプランナー
牧野寿和［監修］

河出書房新社

空き家どうする？
5ストーリー

STORY 1.　放置型

〈Aさんファミリーの場合〉
実家を相続したが、自宅を建てたばかり。空き家問題も知らず……
〈お悩みは？〉
空き家をどうしていいかわからないので、とりあえず放置していたら……

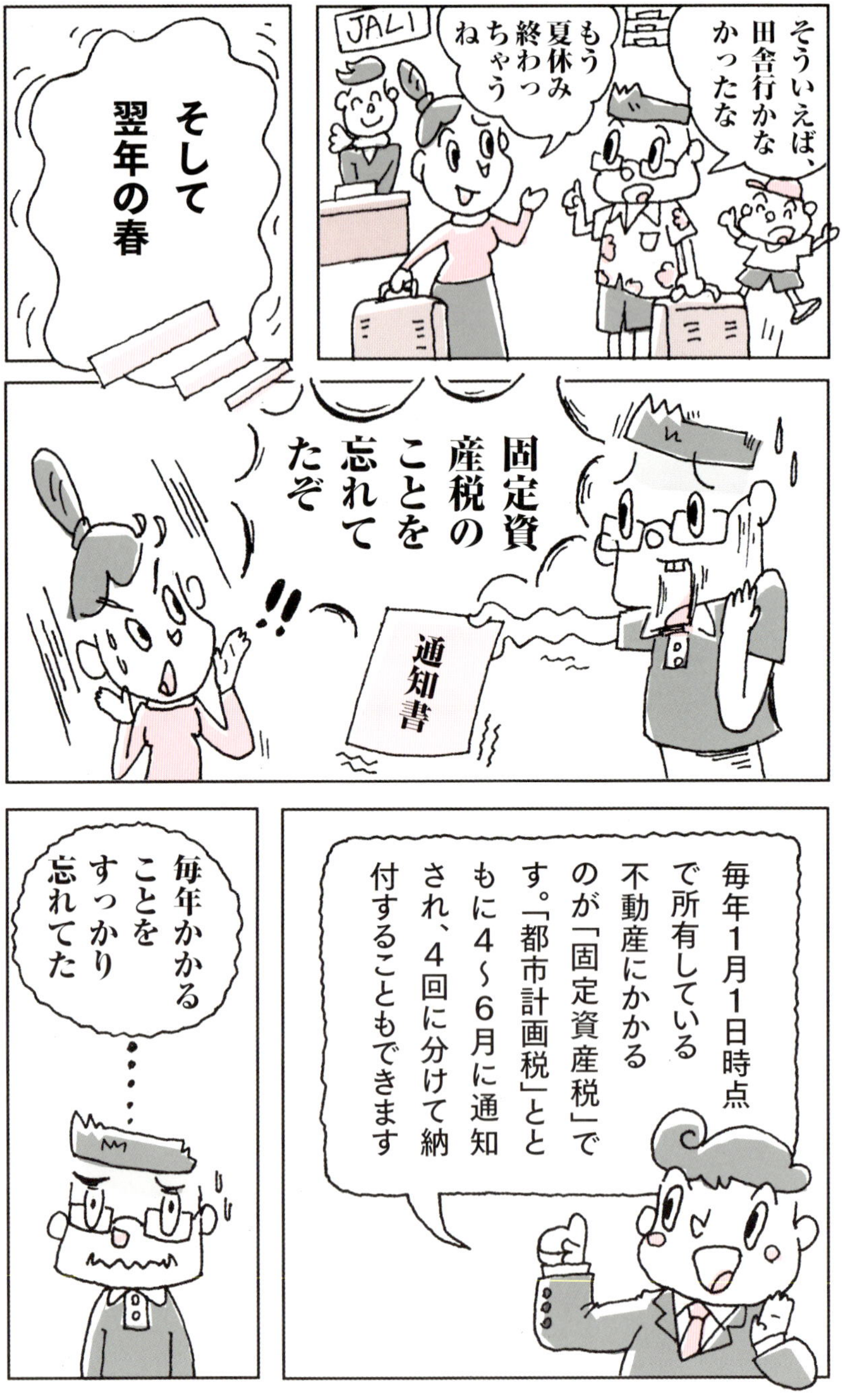
そういえば、田舎行かなかったな
もう夏休み終わっちゃうね
そして翌年の春
固定資産税のことを忘れてたぞ
!!
通知書
毎年1月1日時点で所有している不動産にかかるのが「固定資産税」です。「都市計画税」とともに4～6月に通知され、4回に分けて納付することもできます
毎年かかることをすっかり忘れてた
……

3年後
庭木剪定に1回5万円もかかるとは〜
ご近所にも迷惑だわ
何とかしなきゃ!
空き家を放置しておくと、ご近所トラブルになることも。地域の治安悪化も心配され、通報されるケースも増えています
そして5年後
特定空き家にされちゃったよ!!
トホホ
特定空き家に認定されると最悪、強制撤去。解体費用は所有者に請求されるよ!

空き家どうする？
5ストーリー
売っちゃう手もあるんだなあ……
売っちゃうの？
FOR SALE
○○不動産
STORY 2.　売却型
〈Bさんファミリーの場合〉
空き家を相続して1年が経過。家族で使う機会もあまりない
〈お悩みは？〉
うまい活用法がないので、売却しようか検討中……

もしもし
○○不動産と
申します
えっ？
あの有名な？

相続されたお家で
アパート経営
いかがですか？
あなた
そんなうまい
話って……
そうだな
あるワケ
ない
か……
ナイ
ナイ
ウチなら
◯◯◯万円
で買います
あっ
売った！
ヤッタ！
ウチでも
空き家を探し
ているお客さん
がいたのに
○△
不動産
えっ
そんなに
高く
買うって？
ガーン
売却する場合は
複数の
不動産会社で
見積もりを！

空き家どうする？
5ストーリー

STORY 3.　転勤型

〈Cさんファミリーの場合〉
海外転勤が決まり、自宅が空き家に!?
〈お悩みは？〉
留守中の自宅を賃貸に出すか、急きょ検討することに……

戻ってくるんだから誰かに貸すのがいいかな？
家賃収入も魅力あるしな…
△△不動産に相談しようか？
1年後
入居者0《ゼロ》
がら〜ん
FOR RENT
賃貸に出すなら駅に近く、築年数が浅いとベター。でも、条件によっては借り手が見つかる可能性もあるよ！
賃貸に出すなら立地に合った家賃相場空室リスクを回避する対策なども必要です
ふ〜ん もっといろいろ調べておくべきだったな
ガッカリ

空き家どうする？
5ストーリー

STORY 4.　改築型

〈Dさんファミリーの場合〉
郊外の実家を相続。通勤にも便利なことから引っ越しを検討中
〈お悩みは？〉
軽い気持ちでリフォームをすることにしたところ……

そうね まず水回りと、和室をなくして 間取りを変更してと……
パチパチ
500万円くらい?
リフォームローンを使う手もあるか……
奥さん、追加工事がけっこう必要ですよ
まあ……
1カ月後 リフォーム工事完了
この金額じゃ建て直したのと変わらないよ
ガーン
家の劣化が進んでいたりすると、建て替えと同じか、それ以上の費用がかかることもあるので注意してね!

空き家どうする？
5ストーリー
古民家カフェって人気なんだな
ねえ カフェって何？
うちの空き家でもやってみない？ 週末だけとか
STORY 5.　事業型
〈Eさんファミリーの場合〉
空き家を相続して放置したままだが、何とかして活用したい
〈お悩みは？〉
会社に勤めながらカフェを副業として経営できるか？
いいじゃないか 俺もネットショップの副業やってるよ
そうか 二足のわらじってやつだな！

意外に安くはじめられたな
お客さん来たヨ
イラッシャイ
OPEN
こんなに行列が!!
OPEN
半年後
まさかこんなに儲かったのか?確定申告が大変だよ!
□□君会社に内緒で副業やってない?
えっ……

バレてた!!

副業で得た収入が多いと住民税も上がるので、会社にバレることが多いよ。確定申告する際は注意しよう!

CLOSE
END

一戸建ても、マンションも 空き家が〝負動産〟になりかねない時代に

ここ数年、**空き家問題**がクローズアップされています。メディアでしばしば取り上げられ、空き家問題を扱う新書はベストセラーにも名前を連ねています。

それらの著者いわく「治安悪化の温床」「景観を乱す存在」「他人を傷つけたりする可能性」など、**空き家が増えることによる、さまざまなリスク**を指摘しています。

その一方で、空き家を所有している人のうち、どれだけの人が、これらの記事に取り上げられているようなことが、これから自身に起こるかもしれない、もしくはすでに起こっていることに気づかないでいることを理解しているでしょうか。

家は〝資産〟になりますが、ちょっと間違うと〝お荷物〟にもなります。

それは、賞味期限の迫った、大量のご馳走に似ていないでしょうか。

せっかくのご馳走も、今はおなかがいっぱいだからと放っておけば、時間が経つにし

たがって腐って食べられなくなります。それと同じように、誰も住まなくなった家も、いずれ老朽化して手がつけられない状態になってしまうのです。

空き家とは異なりますが、バブル時代に購入したリゾート地の別荘が〝負動産〟化して、お金を払ってでも買い手を探しているというニュースを耳にしたことがないでしょうか。なぜ、お金を払ってでも売りたいのか？　それは、使わないままにしておくだけで、維持管理のための無駄な費用が出ていくばかりだからです。

まもなく**同じような問題が、あなたが実家から相続した空き家にも起こる可能性は高い**といわざるを得ません。

総務省の調べでは、日本の空き家は２０１３年現在で約８２０万戸、全住宅数

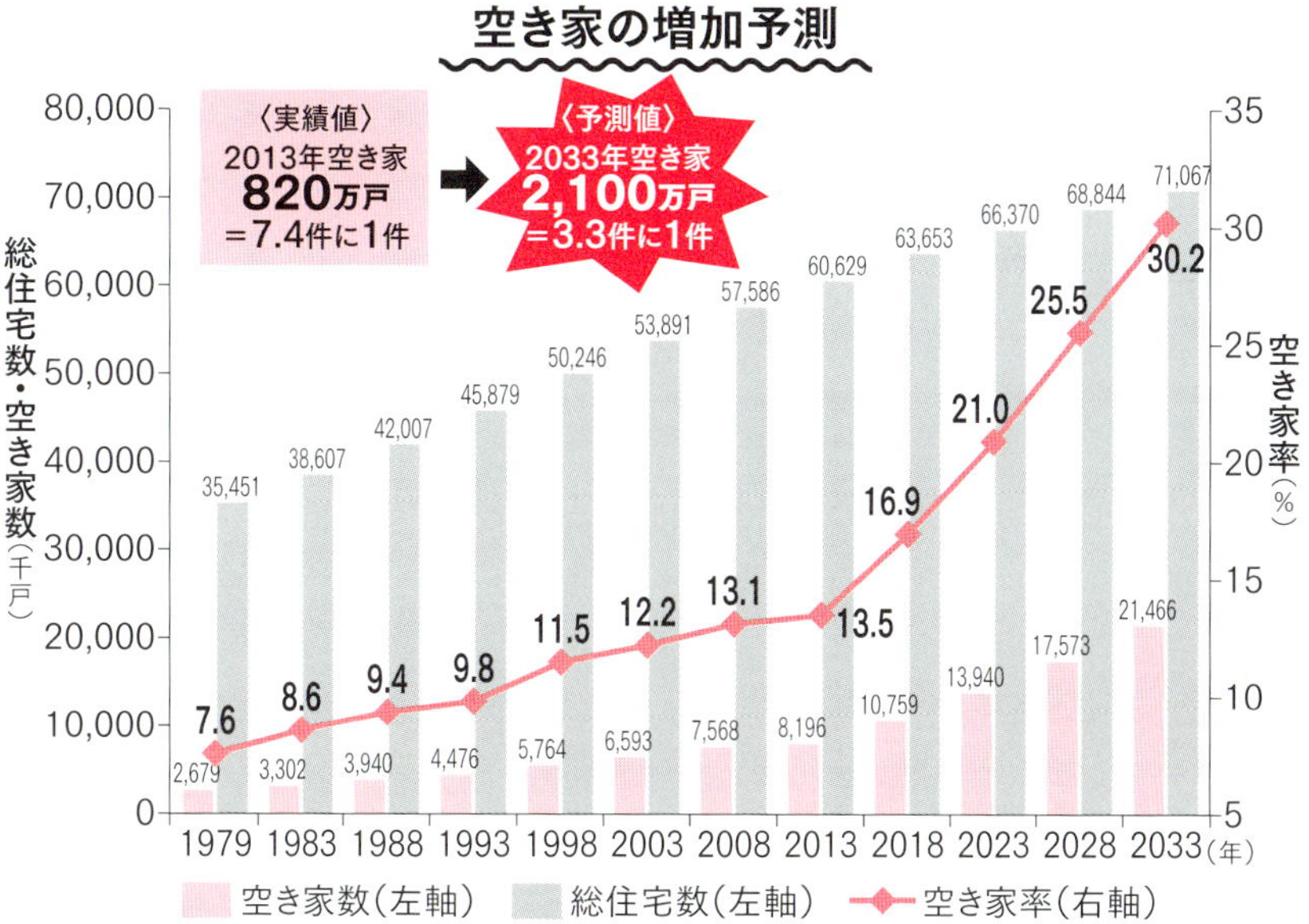

出典：総務省「平成25年　土地統計調査」より。予測は野村総合研究所による

の13・5%を占め、2033年には約2100万戸、約30%もの空き家率になるという推計が出ています。

また、この推計に含まれているかは不明ですが、サラリーマンなら、突然、会社から**転勤を命じられた際にも、今の家をどうするか？　つまり、あなた自身が空き家を抱えてしまうという問題に直面することも考えられる**のです。

巻頭のまんがでは一戸建てを例に挙げましたが、前述の別荘の問題と同様に、親から相続したマンションについても、空き家問題は同じように起こります。

では、どうすればいいのでしょうか。選択肢は本書でご紹介するようにいろいろありますが、大切なことは**問題を先送りにしない**こと。そして、ご自身の空き家をどうするかを真剣に考え、できるだけ早めに手を打つことです。そうすれば、有効活用することもできますし、これまでしてきた無駄な対策もこれ以上しなくて済むでしょう。

土地や建物は使い方次第です。空き家は放っておけば〝負動産〟や〝腐動産〟となりますが、上手に活用すれば〝富動産〟になります。せっかく手にした**資産があるのなら、それを生かさない手はない**でしょう。

本書をきっかけに、あなたが空き家を有効活用できるようになれば幸いです。

「空き家」に困ったら最初に読む本　もくじ

第1章

あなたの空き家、放っておいて大丈夫？

第２章

「売却」して現金化する

第3章

「賃貸」に出して収益を上げよう

第4章

「リフォーム」「建て替え」で快適に暮らす

第5章

将来に備えて、そのまま「維持」する

第6章

空き家を生かして「事業化」する

第7章

これから親の家を相続する人へ

第１章

あなたの空き家、放っておいて大丈夫？

7割の人が「とくに何もしていない」が、困るのはこれから！

◎空き家をどうするか考えたことありますか？

空き家問題はすでに所有している人だけでなく、将来、親の家を相続するなど、**これから所有する人にとっても他人事ではなくなっています。**それだけではありません。次のようなケースもあります。

・老いたひとり親が認知症になって老人ホームに入居。住まなくなった家をどうすればいいか？

・突然の転勤で地方に引っ越し。今の家をどう処分すればいいか？

・旧居が老朽化してリフォームしたいが資金がない

しかし、これらはよくある問題にもかかわらず、**空き家をそのまま放置する人が多い**のです。

空き家所有者に対するアンケート調査によると、空き家にしている理由として「物置として必要だから」44・9％、「解体費用をかけたくないから」39・9％、「とくに困っていないから」が37・7％と答えています（国土交通省「空家実態調査」２０１４年）。また別の調査になりますが、空き家対策として「とくに何もしていない」という人が71・0％もいます（価値総合研究所「空き家所有者アンケート」２０１３年）。

この結果を冷静に見てみましょう。家レベルの「物置」が必要な人がどれだけいるでしょう。また、「解体費用」は、売却や賃貸に出すことなどで回収する手もあります。大多数の人は、空き家の活用法

空き家にしておく理由は？

●空き家所有者に聞いたアンケート結果より（上位の回答を抜粋）

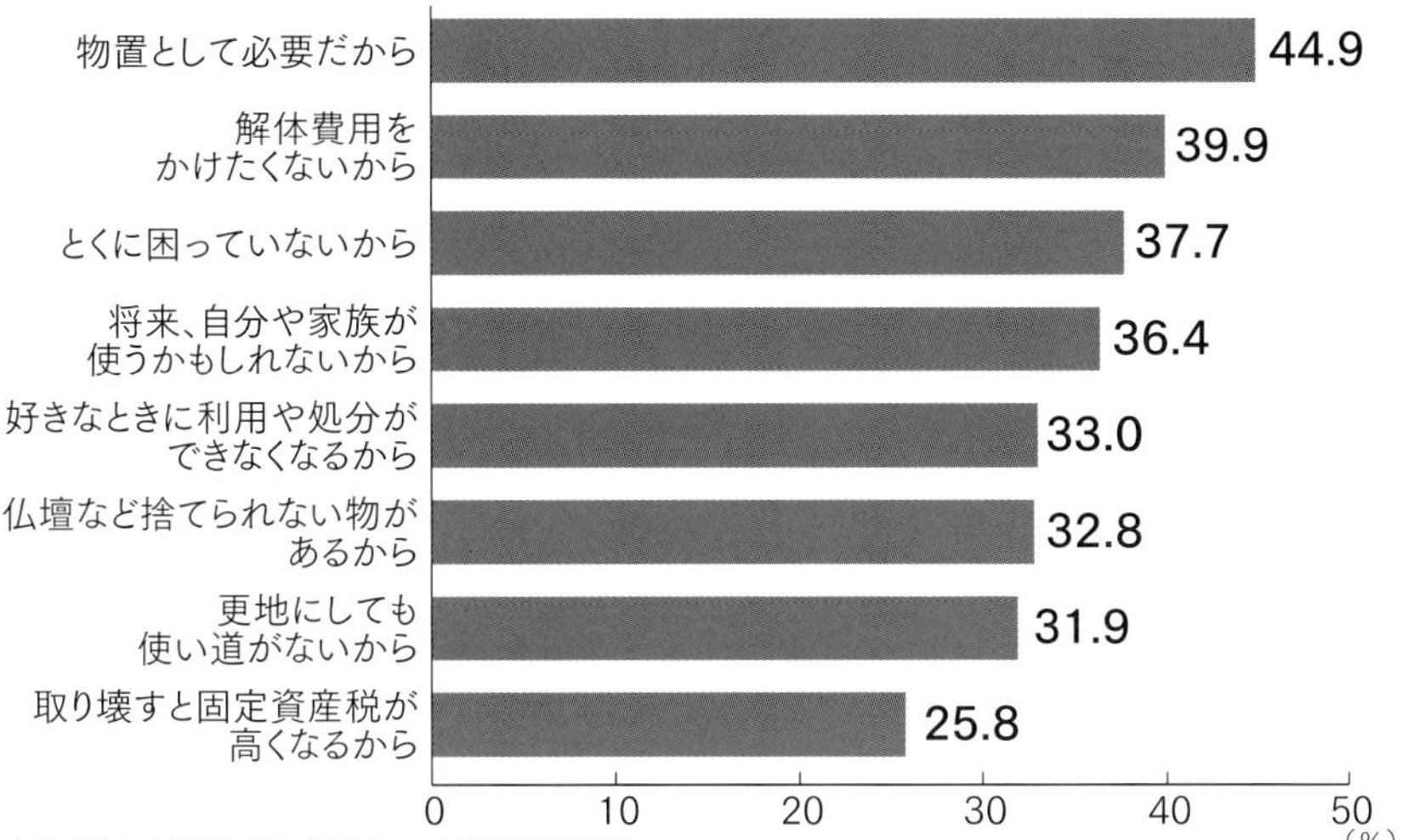

出典：国土交通省「平成26年　空家実態調査」

を考えるのが面倒、それが本音ではないでしょうか。

要するに、そうやって**空き家を放置しておくことで、問題を先送りにしているにすぎない**のです。

◎空き家をそのまま放置しているとどうなる？

空き家を、そのまま放置していると、どんな問題が起きるでしょうか。まずは一戸建ての場合です。

・庭木の落ち葉や枝がご近所迷惑に。ごみを不法投棄されることもあり、地域の景観を乱す

・火事や犯罪の温床になり、治安悪化をもたらす

次はマンションの場合です。

・管理状態が劣化し、売りづらい・貸しづらい物件になる

・老朽化が進行し、ゴーストタウン化しかねない

空き家問題は、近年、大きな社会問題になっており国が力を入れている政策の一つです。今後は、さらに規制が厳しくなっていくことでしょう。今のうちに、**自分に合った空き家の使い方を考えたほうが、選択肢はずっと広がる**はずです。

誰も住まない家に、年間どれだけお金がかかるか把握していますか？

◎空き家にかかる税金は？

空き家で気になるのは、年間どれだけ維持コストがかかるかでしょう。大きく、税金と維持管理費に分けて見てみましょう。

まず税金は、毎年1月1日時点で所有している不動産にかかる**「固定資産税」と「都市計画税」**が4～6月に通知され、1年分または4期に分けて徴収されます。ただし、住宅1戸につき200㎡までの小規模住宅用地なら、**「住宅用地の特例」**という制度のもと、**固定資産税が最大6分の1、都市計画税が最大3分の1まで減額**されます。

注意したいのは、この住宅用地の特例が適用される条件は「住宅が立っていること」。つまり、**空き家を解体してしまうとこの制度が適用されなくなり、税金が高くなってしまう**のです。

たとえば、課税標準額が建物600万円、同じく土地が2000万円の家（土地面積300㎡）を相続した場合の固定資産税を計算してみると、次ページの計算でわかるように毎年約14・6万円のお金が飛んでいくのです。

それが、解体費100万～200万円程度をかけて更地にすると28万円に大幅アップします。建物にかかっていた税金は浮きますが、更地にして所有しているほうがおよそ倍額になるのです。

空き家の年間にかかる税金を計算してみると

●固定資産税の計算式（300㎡の土地に建物1戸が立っている場合）

※土地の軽減税率　・200㎡以下の部分（小規模住宅用地）固定資産税1/6　都市計画税1/3
・200㎡を超える部分（一般住宅用地）固定資産税1/3　都市計画税2/3

〈解体していない場合〉　税額＝固定資産税評価額×1.4%

家屋の固定資産税評価額		土地の固定資産税評価額
600万円 × 1.4%	＋	2,000万円 × 軽減税率 × 1.4%

84,000円＋[（200㎡以下の部分：2,000万円／300㎡×200㎡×1/6×1.4%）＋
（200㎡超の部分：2,000万円／300㎡×100㎡×1/3×1.4%）]＝約62,000円　合計 約**146,000**円

〈解体した場合〉

土地の評価額
2,000万円

× 1.4% ＝ 合計 **280,000**円

更地にすると大幅アップ!

●都市計画税の計算式　税額＝固定資産税評価額×最高0.3%

家屋の固定資産税評価額		土地の固定資産税評価額
600万円 × 0.3%	＋	2,000万円 × 軽減税率 × 0.3%

18,000円＋約27,000円＝合計 約**45,000**円

※固定資産税、都市計画税の税率は自治体によって異なります
出典：NPO法人「空家・空地管理センター」のHP（www.akiya-akichi.or.jp）などを参考に作成

◎そのほかに維持管理費も……

誰も住まない家でも、税金以外に維持管理費がかかり、年間にするとまとまった額になります。

たとえば月1回、1泊2日の宿泊をした場合の目安として光熱費が4・3万円、庭木の剪定を依頼すると、1回で5万円程度×年間2回とすると10万円程度かかることもあります（地域、使用量などにより差があります）。そのほか、火災保険に加入すれば4・7万円程度は必要になります（96ページ参照）。

また専門業者の空き家管理の**巡回サービス**（空き家管理代行サービス）を利用すると、料金は月1回で5000～1万円程度。年間にすると6万～12万円くらいかかります（136ページ参照）。

空き家を維持管理するだけで年総額20万円程度、10年で200万円近くかかるとすると、「物置代わり」にするには大きな負担といえるでしょう。

自分でもできる維持管理のポイントや、おもな維持費などは第5章でご紹介します。

放置しておくと認定される「特定空き家」って何？

◎認定されると固定資産税が6倍に！

前項でも簡単に説明しましたが、不動産には固定資産税や都市計画税がかかります。ところが住宅の立っている土地は「住宅用地の特例」として、税金の減免措置が取られています。この**特例が「空き家問題」を加速させている原因**でもあります。

つまり、家屋さえ立っていれば、たとえ倒壊寸前の空き家でも不動産にかかる税金が安くなるので、空き家を解体せずに放置する人が多かったのです。そこで2015年度の税制改正によって**「空家等対策の推進に関する特別措置法」**が決まりました。

具体的には、管理されておらず、次ページの図表のように、著しく景観を損ねるなどの空き家を**「特定空き家」**として自治体が認定し、所有者に対して管理するように助言や指導、勧告を行うものです。

特定空き家の所有者は一定の猶予期間内に空き家の保全をしなければなりませんが、指導や勧告を無視したまま年をまたぐと、住宅用地特例の対象から除外され、税金の減免措置が受けられなくなります。

ちなみにこの減免措置は、前項でもご紹介したように、固定資産税で小規模住宅用地（200㎡以下の部分）は6分の1、一般住宅用地（200㎡を超える部分）は3分の1。そして都市計画税は小規模住宅用地で3分の1、一般住宅用地で3分の2です。

つまり、小規模住宅用地なら固定資産で6倍、都

特定空き家認定のガイドライン（要約）

そのまま放置すれば倒壊など著しく保安上危険となるおそれのある状態	建築物が倒壊するおそれ	●基礎の沈下、柱の傾斜、基礎の破損や変形、土台の腐朽や破損　など
	屋根や外壁などが脱落、飛散するおそれ	●屋根の変形やふき材の剥落、看板や給湯施設の転倒、壁体に貫通穴、バルコニーの腐食や破損、脱落　など
著しく衛生上有害となるおそれのある状態	建築物や設備の破損や、ごみの不法投棄などが原因	●吹付石綿などが飛散し暴露する可能性が高い ●浄化槽などの放置による汚物の流出、臭気の発生、排水の流出などによって地域住民の日常生活に支障を及ぼしている ●臭気、害虫・害獣などが発生し地域住民の日常生活に影響を及ぼしている　など
著しく景観を損なっている状態	周囲の景観と著しく不調和な状態	●屋根や外壁などが汚物や落書き等で傷んだり汚れたまま放置 ●多数の窓ガラスが割れたまま ●立木などが建築物の全面を覆うほど繁茂している　など
周辺の生活環境の保全を図るために放置することが不適切である状態	木立や住み着いた動物などが原因	●木立の枝などが道路にはみ出して、通行を妨げている ●動物のふん尿などの汚物の放置によって臭気が発生している ●白アリが大量に発生して近隣家屋に飛来し、地域住民の生活環境などに悪影響を及ぼすおそれ　など
	建築物の不適切な管理	●門扉の不施錠、割れた窓ガラスなどを放置し、不特定の者が容易に侵入できる状態で放置　など

出典：国土交通省のHP（www.mlit.go.jp）を参考に作成

市計画税で3倍の税金がかかってしまうのです。

◎強制撤去のうえ解体費用も請求される

さらに問題なのは、自治体の指導、勧告を無視して**特定空き家を放置し続けると、所有者は50万円以下の過料**が科せられるだけでなく、市区町村長の判断によって空き家が**強制撤去（行政代執行）**されます。もちろんこの解体費用（100万円程度〜）は所有者に請求されるので、タダで厄介払いができるわけではありません。

国土交通省の調べによると、2017年度までに助言や指導を受けたのは全国で約1万件ですが、実際に強制撤去された例としては23件です（所有者が特定できない空き家の「略式代執行」は75件）。

空き家を管理せず、放置する期間が長くなるほど特定空き家に認定される条件を満たすリスクが高くなっていきます。手を打つなら早いうちに。そのほうが結果的にコストも抑えられます。事件や事故が起きないうちに、対処しましょう。

空き家の価値はどんどん下がる!? 自分の空き家の価値を診断してみよう

◎築40年程度の空き家は約8割で劣化が進む

空き家を放置しておく人が多いのは、そのほうがコストがかからないと考えているからかもしれません。たしかに解体するにも費用がかかり、更地にすれば税金が高くなります（28ページ参照）。しかし、そのまま放置し続けると、さらに状況は悪化します。

なぜなら、**空き家の不動産価値はどんどん下がっていく**からです。

国土交通省の調べによると、一戸建ての空き家の建築時期は、「1971〜80年」が24・5％ともっとも多く、80年以前建築の家が合わせて62・3％。それを調査時点での居住状況別に見てみると、80年以前の建築の家は、人が住んでいると回答したもののうちでは51・5％ですが、人が住んでいないと回答したもののうちでは68・8％と多くなっています。

また家の状態では、次ページの図表のように**「腐朽・破損あり」のものでは80・3％**と、「腐朽・破損なし」の54・9％に比べて非常に高い割合になっています。

◎適切に管理していれば売却にも有利

このように、建物は人が住まなくなると劣化が急速に進みます。日常的に設備を使わず、掃除などもできないと、害虫やカビが発生したり、排水管の汚臭や、閉め切った建物内部に湿気がこもることによ

建築年別に見た「腐朽・破損」の割合

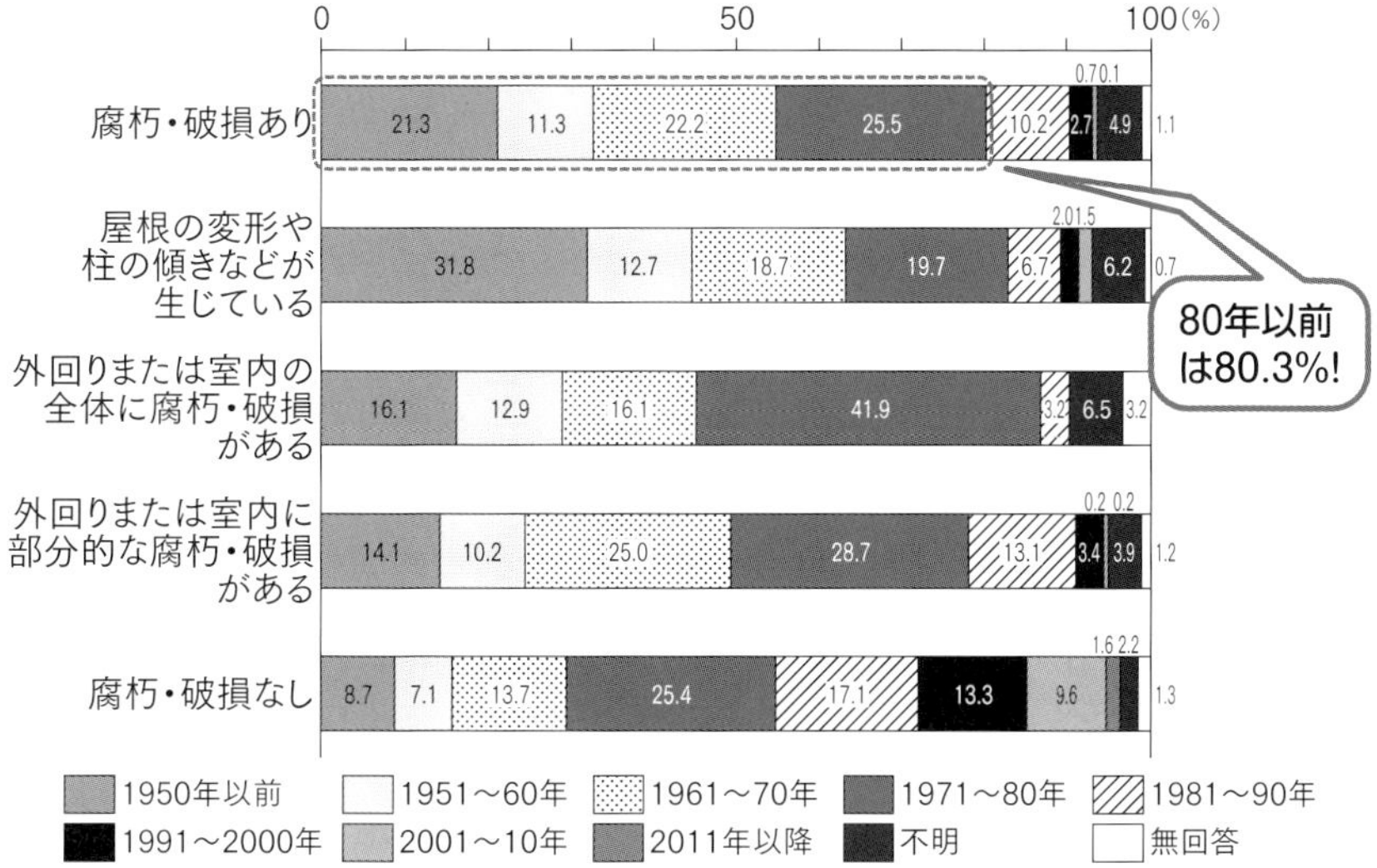

出典：国土交通省「平成26年　空家実態調査」

り、木材をはじめ建築資材の劣化をもたらすのです。

ですから、空き家を将来利用する予定がある場合は、第5章でお話しするように**定期的に現地へ通って維持管理をする**のがおすすめです。通気・換気や設備のメンテナンスを行うことで、建物の劣化の進行を遅らせることができます。

また、空き家を売却する場合、「古屋付き土地」として販売することも多く（建物はおまけ）、購入者は大規模なリフォームを行うか、または建物を解体し新たな家を建てる必要があり、いずれにしても多くの資金が必要になります。当然ながら購入後に多額のコストがかかる「長期間放置されて老朽化した空き家」よりも、**適切に管理された空き家のほうが、早くそして高く売却することができます。**

◎空き家の価値を高めることは可能

「空き家といっても資産価値があるから、いつか売れるだろう」と考える人もいるでしょうが、実際には放置することでどんどん資産価値は目減りしてい

築年数別に見た中古住宅の平均成約価格(単位:万円)

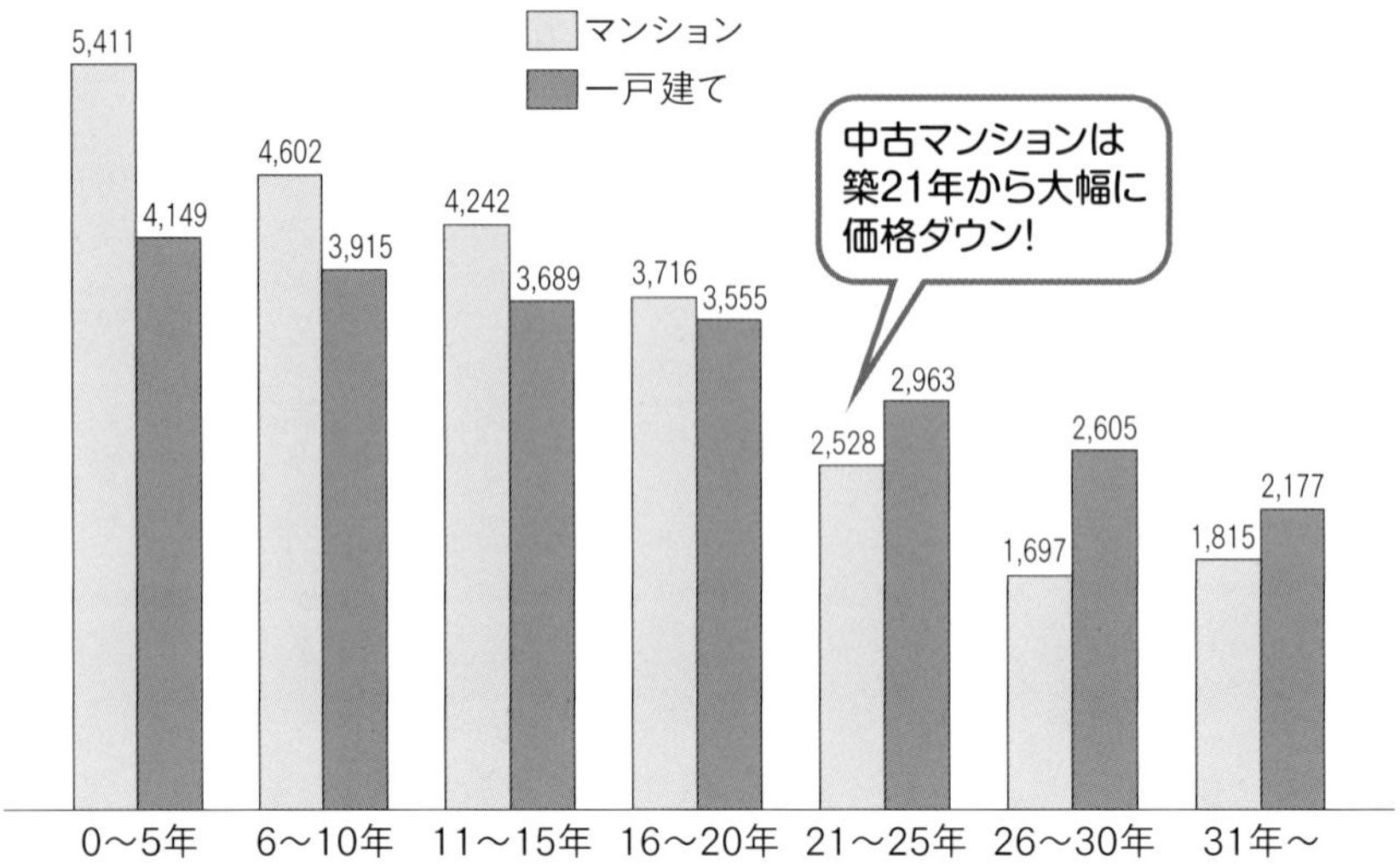

出典:東日本不動産流通機構調べ(2018年1〜12月)

きます。とくにマンションは**市場価格**により変動するので、上の図表のように築21年以上になると値段が大幅に下がってしまいます。

とくに、現行の建築基準より耐震性が劣る1981年6月以前に建てられた**「旧耐震基準」**(114ページ参照)の空き家は、市場価値の低さなどから放置されるケースが多い傾向にあります。

それでは古い家に不動産価値がないかというと、諦めることはありません。しっかりと維持管理されてきた家であれば、将来住むにしても売却するにしても、ある程度価値を高めることは可能です。

実際に、築40年の古民家を購入し、断熱や耐震工事を伴うフルリノベーションを行い、しかも公的ローンのフラット35の安い金利で住宅ローンを組んでまかなったというケースもあります。フラット35を利用するには定められた技術基準に適合しなければなりませんから、**〝フラット35付き住宅〟として新たな付加価値がついた**といえるのです。

家の価値はどんどん下がっていくことは確かです

大手不動産検索ポータルサイトで価格相場をチェック!

サイト名	URL	おもな特徴
スーモ	https://suumo.jp/	通常の物件検索項目に加えて、①一定の耐震性がある、②築25年以上でも住宅ローン控除が使える可能性あり、③内外装が綺麗で保証付き、という絞り込み機能が便利
ライフルホームズ	https://www.homes.co.jp/	第三者機関が行ったインスペクション結果を、独自の住宅評価として物件情報とともに公開。価格査定の根拠となった建物の評価価格がわかる
アットホーム	https://www.athome.co.jp/	中古物件の掲載数では圧倒的に多いが、都市部ではスーモ、ホームズが強い一方、アットホームは地方に強い傾向がある
ヤフー不動産	https://realestate.yahoo.co.jp/	他サイトよりも掲載物件数は少ないが、時間のない人には使いやすい。広告ページがシンプルで見やすいという声もある

が、プラスに転じることは不可能ではないのです。

◎空き家の価値＝価格相場の調べ方

自分で空き家の価格相場を調べる際、**一戸建てはおもに土地と立地、マンションは立地**がポイントになります。細かい土地価格や建物価格の計算方法などは第2章44ページでお話ししますが、簡単な調べ方としては、「スーモ（SUUMO）」や「ライフルホームズ（LIFULL HOME'S）」などの大手不動産検索ポータルサイトを使うのが便利です。

近隣エリアにあり、最寄駅からの距離などの条件が近い物件をいくつもチェックすれば、大まかな価格がわかってきます。可能なら管理状態なども比較検討すると正確に知ることができるでしょう。

また、意外に役立つのが第2章58ページで取り上げる**「不動産一括査定サイト」**です。本来は自分の氏名などを登録し、不動産仲介会社選びに利用するものですが、価格相場の情報源として活用できるサイトもあります。

5 自治体による補助金・助成金制度など、空き家対策事業を調べよう

◎空き家に関する補助金・助成金とは？

空き家の活用を促進するため、全国の自治体ごとに各種補助金および助成金制度を設けているケースが少なくありません。補助金および助成金は、どちらも**返済不要なお金ですが**、**補助金は審査で落とされる可能性**もあります。空き家に関するものでは、解体工事費などの一部を補助し、上限額内で利用できます（概ね50万〜200万円程度）。

なお、申し込むにあたっては空き家の広さなど建物に対する要件をはじめ、一定期間住民であり税金を滞納していないことなど、対象者にも条件があるので、各自治体の窓口に問い合わせましょう。

たとえば東京都杉並区では、「特定空き家」（30ページ参照）に指定された空き家を解体する際、解体工事費用の80％、150万円を上限に助成してくれます。また、福生市では旧耐震基準の住宅のうち、1年以上空き家になっている住宅を解体する際、解体工事費用の50％、30万円を上限に補助する制度があります。このほかにも23区内の一部を除く地域や、町田市、青梅市などでも同様の補助金や助成金を利用できるようになっています。

自分の所有する空き家のある地域に、こうした制度がないか調べておくと安心です。

◎遠方にある地域の補助金制度を調べるには？

空き家関連の補助金・助成金の例

	杉並区	町田市
対象者／区域	区内全域（不燃化特区区域を除く）	①市内に空き家を所有している人 ②空き家活用希望者
助成対象	●特定空き家等およびそれに準じるもの（不良住宅）※所有者は個人であること ●申請年度の3月25日までに除去工事完了報告書の提出ができること　など	●地域活性化施設への回収工事に要する費用（集会所、コミュニティカフェ、福祉サービスの提供場所など） ●耐震性を有する建築物で、10年間以上は地域活性化施設として使用するもの
助成率	除去工事の80％	対象費用の50％
限度額	150万円	集会所：500万円 その他の施設：100万円
その他の条件	①建築物が概ね年間を通じて使用されていないこと ②工事着手前に助成交付申請を行い、交付決定を受けること ③申請者は所有者であること（複数の所有者が存在する場合、すべての所有者の代表者であること） ④申請時に住民税を滞納していない　など	審査項目は ①地域活性化に資するか否か ②耐震性の有無 ③改修内容の妥当性 ④活用期間　など
問い合わせ先	都市整備部住宅課空家対策係	都市づくり部住宅課

遠方にある実家の空き家を所有する場合にも、その自治体がどんな空き家対策事業を用意しているかを知っておきたいものです。その際に便利なのが、「空き家活用の匠」（akiya-takumi.com/）というインターネットサイトです。

同サイトでは、全国の自治体が実施している空き家活用のための補助金制度を簡単に検索できます。

また、解体や改修など目的別に交付される補助金を調べることもできます。**もっとも多い制度は解体工事に対するものですが、なかには改修に対する補助金や助成金制度**もあります。

リフォームして売却したり賃貸に出したりすることを検討している人も、制度の仕組みや補助金を受けるための条件などを調べてみるとよいでしょう。

ただし今のところ、一戸建て住宅に対するものがほとんどで、マンションや賃貸物件に関する補助金や助成金制度は少ないようです。しかし今後、制度が創設されるかもしれないので、自治体のホームページなどに目を配るようにしましょう。

転勤による持ち家の空き家化も大きな問題

◎転勤をきっかけに空き家問題に直面

ＮＥＣ、富士通、協和発酵キリンなど、多くの大企業が早期退職者を募集したことは記憶に新しいところです。「早期退職者優遇制度」、あるいは「45歳定年制」という言葉どおり、45歳がリストラの条件の一つにもなっています。

こうした傾向から、日本の企業では終身雇用制の崩壊を指摘されるようにもなっています。いかに安定した大企業のサラリーマンでもボーナスカットなどにより住宅ローンが返済できなくなり、最悪、破綻しているケースも少なくないようです。

さらに、今後は国内転勤と同じように海外で働くケースが増えるだろうといわれています。そこで働き盛りのサラリーマンにとって悩みのタネになるのが、**転勤によって自宅をどうするかという問題**です。

国土交通省の調査から一戸建ての空き家について人が住まなくなった理由を見ると、もっとも多い「死亡した」35・2％のほかに、「別の住宅へ転居」27・9％、「老人ホームなどに入居」14・0％に次いで、「転勤・入院などで長期不在となった」4・7％が挙がっています（次ページの図表を参照）。

転勤が短期であれば、そのまま保有しても問題はなさそうですが、長期になったり海外駐在になると、空き家のままの状態も長くなってしまいます。そのため、自宅を賃貸や売却して新居取得のための資金

空き家の発生原因には「転勤」も

●空き家の人が住まなくなった理由とは？

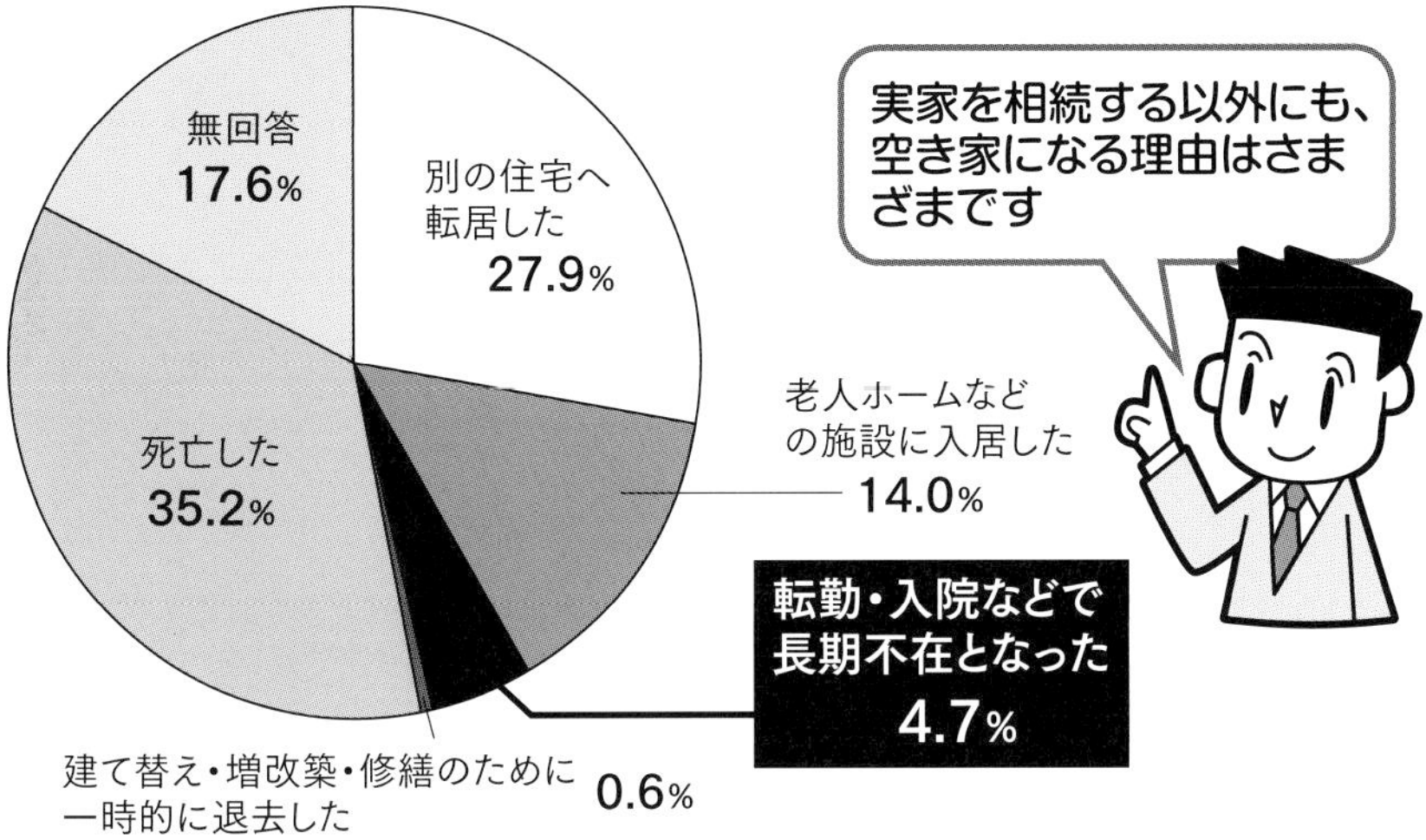

出典：国土交通省「平成26年　空家実態調査」

にしたいところですが、住宅ローンが残っているサラリーマンにとっては簡単ではありません。

◎住宅ローンが残っていると問題が……

転勤による空き家問題に追い打ちをかけるのが住宅ローンです。住宅ローンは**本人が居住するための住宅取得であることが大前提**です。一般的に融資を受けた本人あるいは親族が居住することが条件となっているので、**無断で他人に貸すと契約違反となり、一括返済を求められることがあります。**

また住宅ローンは〝1世帯1本〟が原則ですから、**現在のローンを完済していないと、新たなローンを組めません。**つまり空き家が売れなければ、お金を払ってでも維持管理するしかないのです。

近年、空き家が増えている背景として、このようなサラリーマンの住宅事情も挙げられます。売却や賃貸は、思っているほど簡単ではない面がありますが、もちろん諦めることはありません。詳しい対処法については第2章、第3章でお話ししましょう。

いろいろある空き家活用の選択肢

◎空き家活用のヒント

空き家を活用するには、いくつか選択肢があるなかから選ぶのが第一歩です。各活用法の特徴や選び方、注意点については、章ごとに詳述しますが、ここでは全体像を見渡してみましょう。

まず、建物の状態や立地がよければ、「売却」や「賃貸」が理想的です。売却して現金化したり、賃貸で収益を上げることが可能です。

・売却する（↓第2章）

更地にして売却するほうが買い手が見つかりやすい場合も。老朽化が進んだ木造住宅は「古屋付き土地」として市場に出すのが一般的です。

・賃貸に出す（↓第3章）

他人に貸すと10年以上は返ってこないこともあるため、将来の見通しを立てておくことが大事。法律の規制もあるので、賃貸借契約についての知識や、空室リスクへの対策が必須です。

注意したいのは、通常は売却も賃貸も不動産会社を通すことになるので、買い手・借り手を見つけるための最低限の基礎知識を知っておくことです。

一方、今すぐは手放したくない、将来のために持っていたいという人もいるでしょう。家族で休暇を過ごしたり、将来住んだりすることでも活用できますが、その場合は住環境を整えることがポイントになります。

空き家の活用法を考えよう

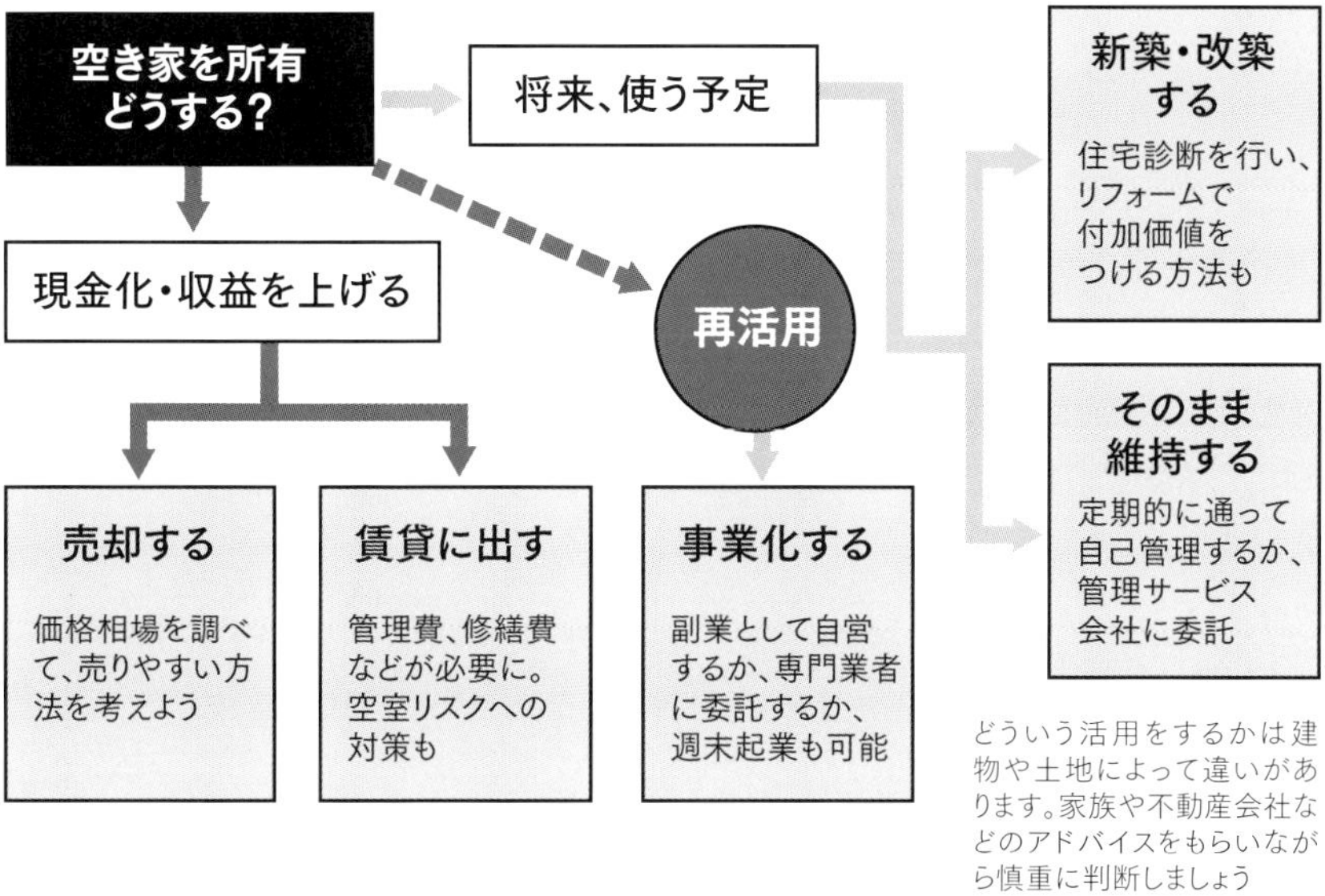

どういう活用をするかは建物や土地によって違いがあります。家族や不動産会社などのアドバイスをもらいながら慎重に判断しましょう

・リフォームや建て替えをする（↓第4章）

古い建物では「再建築不可」に注意。建て替えできなかったり、今と同じ大きさの家が建つとは限りません。まず「住宅診断」を行ったり、リフォームで付加価値をつける方法があります。

・将来に備え、そのまま維持する（↓第5章）

自分で定期的に維持管理して老朽化の進行を抑えるためには、重点的にポイントを押さえること。遠方の実家であれば、空き家管理サービスもあります。また、副業や週末起業の拠点として活用するなら、商売をはじめることも可能です。

・事業をはじめる（↓第6章）

自営するほかに、経営の安定を図るために専門業者に委託したり、一部委託したりもできます。業態はコインパーキング、コインランドリーなど無人経営で成り立つものから、カフェや貸しスペースなど、より本格的な事業を起ち上げるケースもあります。

それぞれに空き家ならではのメリットがある一方で、どんなリスクがあるのか知っておきましょう。

column 1

頼りになりにくい「空き家バンク」の実態

「空き家バンク」とは、空き家情報を自治体のホームページ上などで公開し、おもに地元への移住・交流を図るための仕組みです。各自治体がバラバラに情報提供していたことから、国土交通省が情報をわかりやすいように標準化・集約化を図り、2018年4月から「全国版空き家・空き地バンク」として本格運用を開始しています。空き家情報は順次掲載されており、2019年4月時点で612自治体が参加。同省によると、これまでに2,100件を超える物件が成約したということです（18年3月末時点）。

空き家バンクを利用するにあたっては、まず物件がある自治体に登録を申し込み、現地調査と審査のうえ適切であると認められると、無料でホームページに掲載されます。また、不動産検索ポータルサイトの「ライフルホームズ」（www.homes.co.jp/akiyabank/）、「アットホーム」（www.akiya-athome.jp/）でも全国の空き家情報が検索できるようになっています。自治体によっては空き家バンクへの登録を条件に、修繕費の補助や成約すれば報奨金を支給する取り組みも行われています。

空き家バンクの閲覧者にとっては、一般の売買・賃貸物件より安い物件が掲載されていること、また、空き家を活用して飲食店や民泊などにも利用可能な物件情報も見つかることがメリットといえそうです。

なお、空き家バンクの役目は所有者と購入・利用希望者をマッチングすることだけです。自治体は契約にいっさい関与せず、当事者が直接、あるいは不動産会社を間にはさんで交渉・契約します。直接契約になる場合、あとでトラブルにならないよう注意が必要です。また、なかには「登録しても問い合わせを待つだけなので動きがない」「空き家対策の担当者なのに空き家の知識がない」などという声が聞かれることもあり、その有効性については不透明な部分もあります。

空き家バンクに参加している自治体でも、実際は登録数ゼロで、成果を上げていないところも少なくないようです。まずは、所有する物件のある自治体のホームページを調べてみましょう。

第２章

「売却」して現金化する

空き家はいくらくらいで売れるか？自分で計算してみよう

◎一戸建ての土地と建物価格の求め方は？

自分で空き家の価格相場を調べる際、一戸建てとマンションでは評価基準に違いがあります。一戸建ては**「土地価格」＋「築年数に応じた建物価格」**、マンションは33ページでお話しした「市場価格」が基本になります。

ここでは一戸建ての場合を見てみましょう。

一般に土地の売買取引の指標となるのは「公示地価」ですが、地価がつけられているのは、全国の代表的な2万6000地点に限られます。一方、28ページでもお話しした「路線価」は全国の市街地をほぼ全域網羅していることから、実際に売買される価格相場である**「実勢価格」**の算出に用いられます。

土地の実勢価格は次の計算式で求められます。

実勢価格＝路線価÷80%×110%

計算式の「÷80%」の部分は、路線価を公示地価に換算するため、また一般に実勢価格のほうが公示地価よりも1割程度高いため、110%を掛けて求められます。なお、路線価を調べるには、国税庁のホームページ（www.rosenka.nta.go.jp/）や、資産評価システム研究センターの「全国地価マップ」（www.chikamap.jp/）で検索するか、各地の税務署でも調べられます。

一方、建物の価格は売却予定の建物を、同じ規模や仕様で新築した場合にかかる**「再調達価格」**をベースに、次の計算式で求めます。

再調達価格＝建物の構造別の１㎡あたりの基準単価×延べ床面積

「建物の構造別の１㎡あたりの基準単価」は、不動産会社や住宅ローンを利用する銀行によってまちまちですが、木造住宅であれば15万円前後としているところが主流です（上の図表を参照）。

建物の基準単価と法定耐用年数

建物の構造	基準単価／㎡の目安	法定耐用年数
木造	15万円	22年 （住宅用の場合）
軽量鉄骨造	15万円	19年または27年 （鉄骨の厚みによる）
重量鉄骨造	18万円	34年
鉄筋コンクリート造 （RC造）	20万円	47年

「法定耐用年数」とは、建物の価値がゼロとなる年数のことを指します

また、再調達価格は新築（再建築）を前提としているため、現在の建物価格に換算する場合は、経年劣化したぶん（価値がゼロになる**「法定耐用年数」が基準**）を割り引いて考える必要があります。

法定耐用年数は建物の構造によって違い、たとえば築20年、再調達価格3000万円の木造住宅の場合、「22年－20年」＝2年ぶんの価値だけ残っているものとして、計算式は次のようになります。

建物価格＝再調達価格×［（耐用年数－経過年数）÷耐用年数］

したがって、前記の物件に当てはめると、建物価格は、3000万円×［（22年－20年）÷22年］＝約273万円となります。

ただし、建物価格を求める際は物件ごとの状態を加味され、内外装の傷み具合や設備の様子、瑕疵保険への加入の有無などによって、価格は上下します。

売却には、どんな費用や税金がかかるの？

◎売却で利益が出るとかかる税金

不動産を売却する際、売却価格がそのまま手元に残るわけではありません。**仲介を依頼した不動産会社への手数料**や、一戸建てかマンションかにかかわらず、売却して利益（売却益）が出ると、**所得税と住民税**がかかります。所得税と住民税がかかる「所得」の区分は10種類あり、不動産の売却益については、「譲渡所得」という区分に分類されます。

基本的に所得税は、すべての所得を合計し、その合計金額に応じて税率が高くなる「累進税率」で計算されます。現在は5％（課税所得金額195万円以下の部分）から最高45％（同4000万円超）まで、7段階あります。

しかし、不動産の「譲渡所得」については、例外的にほかの所得とは切り離して課税されます。いわゆる**「分離課税」**なので、ほかの所得額にかかわらず、不動産を売って得た利益が同じなら税額も同じになります。その点で、ほかの所得の多い人にとって、不動産売却は有利な仕組みといえます。

なお、相続した空き家を売却する際、**一戸建てなら3000万円の控除を利用できる場合がある**ので、ぜひ要件に適合するかチェックしましょう（64ページのコラム参照）。

◎売却したお金にかかる税金の計算方法

不動産売却にかかる、おもな費用

仲介手数料	不動産会社に土地や建物の売却を依頼するために支払うもの	（売却価格×３％＋６万円）＋消費税（売買価格400万円以上の場合）
解体費	土地を売却するために建物を取り壊した費用と、その建物の損失額	118ページを参照
登記費用	抵当権抹消登記のための司法書士への報酬。建物滅失登記のための土地家屋調査士への報酬	１～５万円程度（依頼する内容により異なる）
税金	所得税※、住民税※、印紙税など	所得税：長期譲渡所得15％、短期譲渡所得30％、住民税：長期譲渡所得５％、短期譲渡所得９％
測量費用	隣地との境界が不明確だったり、面積を確定させる場合に必要	確定測量を行う場合、60万～80万円が目安
リフォーム費用	ハウスクリーニング、補修程度で済む場合もある	ハウスクリーニングの相場は、マンション8万円～、一戸建て10万円～（5LDK以上）
瑕疵保険料	買主に加入して保険料を払ってもらう方法もある（62ページ参照）	保険上限額1,000万円で５万～10万円程度

※税額は、不動産を売却した年の1月1日時点で所有期間が5年超の場合は「長期譲渡所得」、5年以下の場合は「短期譲渡所得」の税率になります

不動産の譲渡所得は、次の計算方法で求めます。

譲渡所得＝譲渡収入－（取得費＋譲渡費用）

「譲渡収入」とは売却して得た収入のことで、基本的には売却価格を指します。また、「取得費」とは、その不動産を購入したときの費用のこと（建物は減価償却費相当額を控除）。「譲渡費用」とは、不動産を売却する際にかかった、不動産会社への仲介手数料や印紙代など、さまざまな経費のことです。更地にするための建物の解体費も計上できます。

この計算で求めた額が**課税譲渡所得金額**で、売った年の１月１日現在で所有期間が５年を超える場合は「長期譲渡所得」、５年以下の場合は「短期譲渡所得」となり、上の図表のように適用する税率が異なります。

経費をもれなく計上することも、空き家を売却するときの税金を抑えることにつながります。売却することが決まったら、必ずかかった費用の領収書などを残しておくようにしましょう。

今すぐ売却したほうがいい空き家の特徴は？

◎売りにくい空き家ほど早めに売却を

使い道がない空き家なので売却したい、あるいはいずれ売却しようと考えているなら、売るタイミングを逃さないことが大事です。自分の空き家に価値があるか否かを知ることによって、売りやすさに差が出ますし、とくに売りにくい空き家は、放置しておくとさらに売れなくなりかねません。早めに売却などの処分を考えるべきでしょう。

そこで、売りにくい空き家とはどんな特徴があるのか？　具体的なポイントをまとめておきましょう。

まず一戸建て、マンションに共通して売りにくい点は、**旧耐震基準**の建物です（114ページ参照）。買い手は購入にあたって安全性を重視するようになっているので、よほど安くしても売れる可能性は低いといえます。ただし、古民家カフェのように店舗として使う場合、古い一戸建てが喜ばれることもあります。また、**駅から徒歩15分以上**になると、地価は標準を下回る傾向にあり、不利になってしまいます。

◎一戸建ての注意点

一戸建てで、そのほかに早めに売ったほうがいいポイントとして挙げられるのは、**「違反建築」**や**「再建築不可」**の建物です。

違反建築とは、新築後に増改築して建ぺい率をオーバーしたりするケースです。また再建築不可は

こんな空き家は早めに売却を

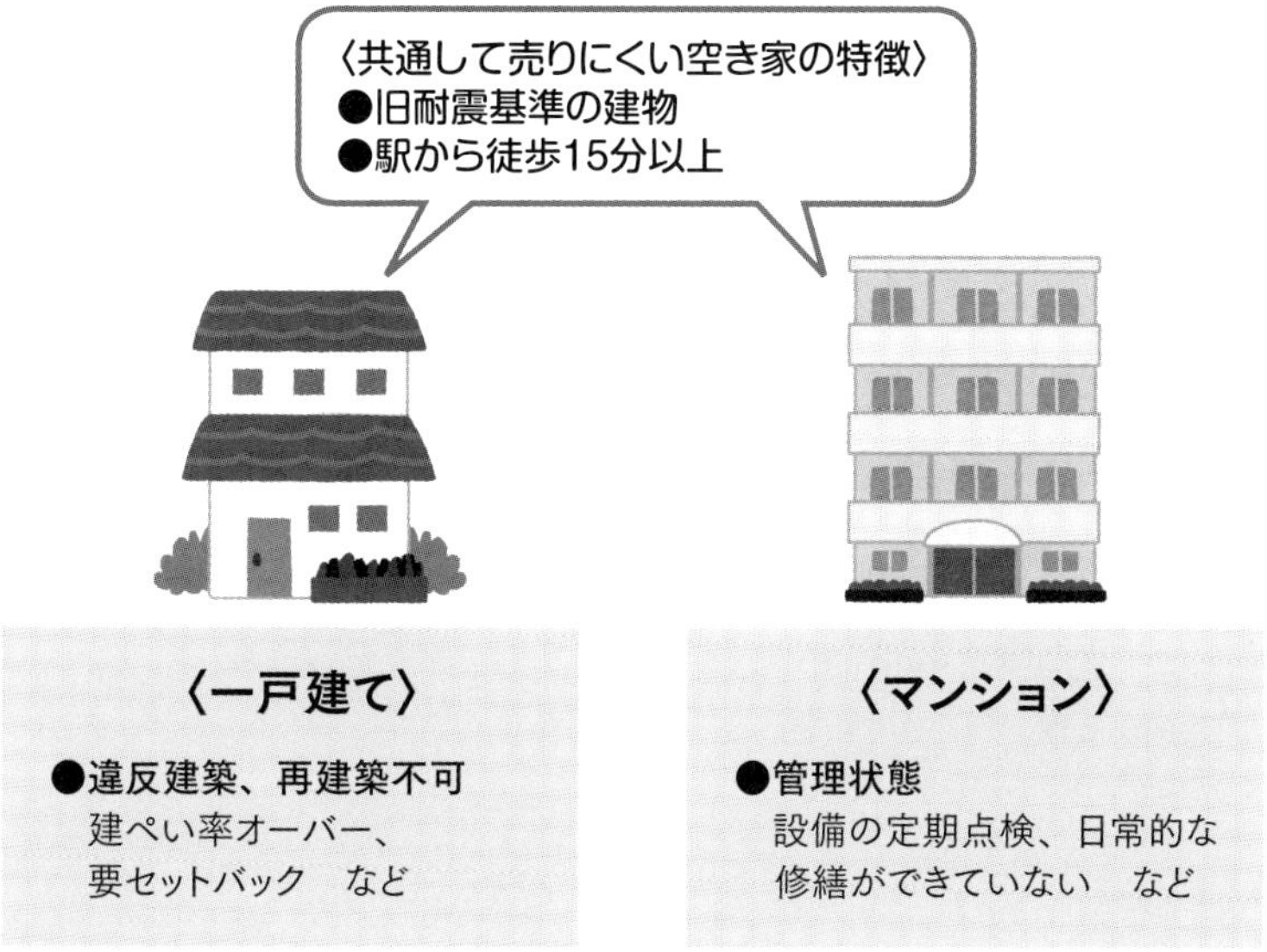

116ページでも取り上げますが、現行の建築基準法に適合していないために、再建築できない建物のことをいいます。そのままの状態で売ることは難しいので、解体して更地にする選択肢もあるでしょう。

◎マンションの注意点

マンションの場合は、とくに**管理状態**に問題があると売りづらくなります。たとえば、**郊外にある総戸数100戸以上の大規模マンションは要注意**です。管理組合の理事は若年層から高齢層までバランスよく構成されるのが理想ですが、大規模マンションでは築後20〜30年も経つと高齢化が進み、管理組合の総意が取りにくくなりがちです。なぜなら、これから長く住むために修繕計画に積極的な若年層に対し、高齢者は比較的恩恵が薄くなるため、とくに一時金などの出費を伴うと、反対に回りがちなのです。

解決策としては問題が表面化する前に売り出すことが一番です。そうすれば、値下げ幅も最小限に食い止められる可能性があるでしょう。

4 売却するまでの流れを知っておこう

◎不動産売却までの期間は？

不動産会社に仲介を依頼する場合、相手は商売ですから、当然儲けが優先します。とくに古い空き家は儲けが少ないことも多く、売主の味方になってくれるとは限りません。そこで、売却にあたり最初に取り組むべきは価格相場調べであることは35ページでもお話ししました。

その次に取り組むのは**売却方法の検討**です。親戚やお隣さんに買ってもらうのでもない限り、相手はまったく知らない他人です。売却の一般的な方法としては、前述の不動産会社に仲介を依頼するか、不動産会社に買い取ってもらうか、どちらかです。

まず不動産会社に仲介を依頼する方法では、老朽化が進んでいるなど、特別売りにくい不動産でない限り、**2～6カ月程度**をかければ、相場に近い価格で売れる可能性があります（一戸建て・土地では3カ月～1年近くかかることも）。

なお不動産会社に仲介してもらう場合、必ず最初の売り出し価格で売れるとは限りません。買い手が値下げを希望するケースもあり、最終的な売却価格は買主と相談のうえで決まるので交渉次第です。

一方で、築古で売りにくい物件や、急いで売却したい人向けの方法が**「買取」**です。不動産会社が買い取ってくれるので、**1カ月もあれば現金化できますが、相場の2～3割引で取引されるケースが多く**

売却するまでの流れ

STEP 1
自分の空き家がいくらで売れそうか価格相場をチェック

STEP 2
不動産会社を選んで仲介を依頼。契約形態を確定する

STEP 3
個々の不動産の状態と、価格相場を踏まえて有効な販売戦略を立てる

一般に期間は2～6カ月程度

STEP 4
効果的な広告活動、不動産ポータルサイトへの掲載などで早期売却をめざす

STEP 5
買主が見つかったら価格などの条件で合意点を見出し、契約を結ぶ

STEP 6
鍵を引き渡し、買主の入居開始

なります（半額以下も）。少しでも高く売りたいなら、最低2、3社に価格を査定してもらいましょう。

◎売買契約から引き渡しまでの期間は？

買主が見つかったら、不動産会社を通じて「購入申込書」が届くので、価格などの取引条件を調整して売買契約の段取りを進めます。契約内容がまとまったら、売主・買主双方の日程調整後、契約日を決定。その際、取引内容や条件、物件の現況などの重要事項について、宅地建物取引士が買主に説明し、納得してもらえば売買契約へ。買主・売主の双方で合意できれば、売買契約書に署名・捺印します。

なお、買主が住宅ローンを使う場合、**融資の決定から融資実行までは通常1～2週間**です。決済日には売主・買主・不動産会社・司法書士が集まり、手付金の残金の支払いなどを確認。売主から買主に鍵が引き渡され、所有権の移転も同日に行います。**鍵の引き渡しから入居までは、通常1～2週間**です。あらかじめ余裕のあるスケジュールを立てましょう。

売却を依頼する前に土地の権利関係を確認しておこう

◎登記簿のチェックをしよう

登記簿（登記事項証明書）には、土地や建物の所在地や広さ、所有者、権利関係の情報が記されています。空き家を売却するには、まず登記簿で家の正確な基本スペックを確認しておくことが大切です。

登記簿は所轄の法務局または登記所で請求することができますが、最近はインターネットでの閲覧、証明書の請求ができるので便利になっています。

登記情報をパソコンの画面上で確認できる「登記情報提供サービス」（www1.touki.or.jp/）は閲覧のみですが、「登記・供託オンライン申請システム」（www.touki-kyoutaku-online.moj.go.jp/）は証明書の交付請求、登記の申請もできます（利用者登録が必要です）。

なお、空き家の売却時に発覚しがちな、登記に関するトラブルには、次のようなケースがあるので注意が必要になります。

◎「相続未登記」の物件に注意

不動産を取得したら登記することは法律で義務付けられていますが、じつは**未登記**のままになっているケースが少なくありません。

不動産の取得のために銀行などから融資を受ければ、建物に抵当権などの担保権の登記を求められるため、自動的に登記がされます。しかし、自己資金

登記簿はインターネットでチェックすると便利

●インターネットの閲覧・交付請求サービス

登記情報提供サービス
https://www1.touki.or.jp/
〈おもな提供サービス〉
不動産登記情報（全部事項、所有者事項）、地図情報、図面情報の閲覧

登記・供託オンライン申請システム
https://www.touki-kyoutaku-online.moj.go.jp/
〈おもな提供サービス〉
証明書の交付請求、不動産登記申請

遠方にある実家の登記情報も簡単に調べられます。利用時間は平日の8時30分から21時まで。利用料は各サイトで確認してください

でまかなっていると銀行から登記を求められることもないために、未登記のままになることがあるのです。また、増改築して建物の形状や床面積が変わった場合に登記されていないこともよくあります。

市町村から送られてくる固定資産税の納税通知書に建物の**「家屋番号」の記載**がなかったりするような場合は、未登記の可能性があるので注意しましょう（固定資産税は登記の有無にかかわらず課税されています）。未登記のままでは売却したり、不動産を担保に融資を受けることはできません。登記しているか否か心配なら登記簿を確認しましょう。

もし所有する建物や土地が未登記であれば、新たに登記することで売買ができるようになったり、担保に入れてお金を借りたりできるようになります。

登記にあたっては、相続人の名義で**「表題登記」と「所有権保存登記」**をしておく必要があります。また、建物を賃貸する場合も、トラブルを避けるために同じように所有者を明確にしておくべきでしょう。

こんな空き家は未登記に注意!

増改築を行い、建物の形状や床面積が変わった
納税通知書に建物の「家屋番号」の記載がない
新築時に住宅ローンを使わず、すべて自己資金でまかなった
登記してあるか心配な場合は登記簿で確認しましょう
建物を解体したときは、建物滅失登記をしておいたほうが売却時もスムーズです

なお、解体した場合は、登記していれば法務局に「建物滅失登記」の届出を、未登録であれば役所に「家屋滅失届」を提出しましょう。きちんと届出をしないと、いつまでも固定資産税を払い続けるはめになりかねません。

登記していない建物は経済的な価値がない場合がほとんどといって過言ではありません。負の財産にならないよう注意が必要です。

◎売却時に問題になりがちな隣地との境界

一戸建てを売却する際、問題になりやすいのが、**隣地の敷地との境界がはっきりしないケース**です。隣家との間で屋根の先が境界を越えている、越えていないといったトラブルに発展することもあります。

本来、敷地の境界は土地測量の際に確定します。その際、土地の四隅などに打ち込まれる四角い杭を**「境界標」**といいますが、この杭の位置が図面と違う場所にあったり、境界標そのものがなかったりすることがあります。

確定測量の流れ

1	資料調査	法務局や役所で測量に必要な公図、登記簿謄本などの資料を取得
2	隣地の所有者との話し合い	隣地所有者に連絡のうえ測量を行うことの説明を行い、立ち会いなどの了承を得る
3	現地での事前調査	取得した資料をもとに、現況の調査・確認を行う
4	境界確定	隣地の所有者、行政の担当者の立ち会いのもと、境界を確定させる
5	境界標の設置	すでにある境界標が正しければ、そのまま。新たに設置する必要があれば新たに埋設する
6	図面・境界確認書の作成	確定した境界をもとに図面を作成。隣地所有者とともに「境界確認書」に署名・捺印する
7	登記	確定測量図をもとに登記を行う

POINT

確定測量にかかる期間は1カ月半〜3カ月以上になることも。ただし、不動産売却前に登記する義務はなく、確定測量図と登記簿謄本の面積が異なる場合でも、確定測量の面積が優先されるので問題はない

測量技術が発達していなかった頃に売買取引された土地のなかには、アバウトな計測状況のまま取引されていることもあるからです。

しかし、境界標の位置がずれていたりすると、土地を売却したとしても、実際は土地の面積が減ってしまうわけですから売却後に購入者とトラブルになりかねません。そのため、売る側もきちんと測量してから売買契約を結ばなくてはいけません。

そこで必要になるのが**「確定測量図」**です。これは土地家屋調査士や測量士という有資格者が測量図をつくり、隣人や行政が署名・捺印します。確定測量図がなければ作成することになりますが、費用の目安は60万〜80万円と意外にかかります。

といっても、地方の地価が低い地域によっては確定測量するほうが高くつくため、確定測量せずに契約を結ぶこともあるようです。

土地売却において測量は非常に重要で、よく知らないで売却するとリスクになります。事前に仲介をする不動産会社に問い合わせるといいでしょう。

売却を依頼する不動産会社を選ぶときにはここに注意！

◎大手か地場の不動産会社か？

不動産の売却では、どの不動産会社を選ぶかで、売却価格や販売期間、そして買い手の見つけやすさが変わってくることも珍しくありません。

ですから、不動産会社を選ぶ際、「地元の会社なら信頼できる」「やっぱり大手のほうが安心」など と、安易に会社の規模や名前で選ぶのは危険です。

そこでまず、地場と大手の不動産会社の違いを見てみましょう（次ページの図表を参照）。

地場の不動産会社に依頼するメリットの一つは相談のしやすさでしょう。古くから地元に密着しているため、住所を伝えるだけで話が通ったり、**大手にはない独自の人的ネットワーク**を地域に築いていることもあります。

「いい物件が出たら連絡がほしい」と地域限定で物件を探している顧客から依頼を受けていたり、古くから付き合いのある地主や商店街のメンバーの人脈で、買い手の情報が入ったりすることも。そのため、古い空き家の売却を依頼しやすくもあります。

一方、大手の不動産会社は圧倒的な販売力が強みです。買い手にすれば、「価格は妥当か」「入居後すぐに設備が故障してしまわないか」「販売実績のある会社なのか」など、心配が多いものですが、そんな不安を解消する保証制度を設けていたりするのは大手ならではのメリットです。

地場と大手不動産会社の比較

	地場の不動産会社	大手不動産会社
メリット	●地元密着型ならではの情報網や人的ネットワークを生かせる ●売り手の立場になって親身に話を聞いてくれる ●買い手情報が限られることが多いことから片手取引に徹してくれやすい	●自社サイトなどを利用して、広く広告活動ができる ●買い手情報を豊富に持っている ●取り扱い件数が多く、最新動向をつかめる
デメリット	●自社サイトなどを利用するインターネット広告については大手より弱い ●最新動向に関する情報は少ない ●賃貸物件中心で、売買取引を行っていない会社も	●エリアを限定すると、人脈などの点で地場の会社より劣ることもある ●営業のノルマが厳しく、親身になってくれるとは限らない ●売主に不利益となる「囲い込み」が常態化している会社も

だからといって、大手のほうが地場の不動産会社に比べて、総合的に優れているとは断言できません。たとえば、**特定のエリアに限定した場合、地場の不動産会社のほうが詳しいこともある**からです。

大手ゆえに、儲けの少ない空き家では売却には消極的ということも考えられます。

◎「両手取引」という禁じ手を使わないか？

とくに大手の不動産会社で注意したいのは、**「両手取引」**が常態化しているところもあることです。

両手取引とは、一つの不動産会社が売主と買主の両方を仲介すること。つまり得られる仲介手数料を2倍にする行為です。これは法律違反ではありませんが、問題は両手取引を成立させるために、**「囲い込み」**が行われていることです。

売主と**「専任媒介契約」**（60ページ参照）を結んだ不動産会社は、「レインズ（ＲＥＩＮＳ）」と呼ばれる業者専用のデータベースに物件情報の登録が義務付けられていて、その情報は他社も検索できるようになっています。

しかし、この情報登録を故意にしなかったり、情報を見て問い合わせてきた買い手側の不動産会社に対して、「売れてしまった」「交渉中」などと偽って情報を独占していたりするのです。

こうした**囲い込みは、売主にとって不利になる媒介契約違反**であり、内規によって禁じている会社もあります。しかし、両手取引を成立させるために、一部の不動産会社で行われているのも事実です。

とくに新しめで売りやすい空き家を売却する場合は注意しましょう。

◎査定価格と「不動産一括査定サイト」の使い方

売却物件の査定は、複数の不動産会社に依頼しましょう。よくある失敗は、査定価格がもっとも高いという理由で会社を選んでしまうことです。

査定価格はあくまで査定価格であり、実際にその価格で売れるかどうかはわかりません。専任媒介契約を取るためのエサとして、わざと高い査定価格を提示するケースも珍しくありません。

相場より高い売り出し価格を設定すると、当然、成約は難しくなりますから、結局は相場かそれ以下の価格で売ることになりかねないのです。

中古物件の販売状況や地価を定期的にチェックするときに便利なのが、次ページの図表に取り上げたような**「不動産一括査定サイト」**です。一括査定サイトで売却する予定の不動産情報と個人情報を入力すれば、最大6社程度から査定してもらうことができるというサービスを提供しています。

売却する前に相場観がざっとつかめるうえに、売却を任せられる不動産会社を見つけるツールとしてもよく利用されるようになっています。

使い方は、一括査定サイトにアクセスして、売却したい物件の種類（マンション、一戸建てなど）や住所、面積などの情報、自分の連絡先などを入力するだけです。すぐに査定対応が可能な不動産会社がリストアップされるので、そこから査定を依頼したい会社を選択すれば、先方から連絡が届きます。

おもな不動産一括査定サイト

サイト名/URL	物件の種類	特徴
HOME4U https://www.home4u.jp/	マンション、一戸建て、土地、ビル、アパートなど	日本初の一括査定サービスを開始。運営会社はNTTデータグループなので安心感がある
イエウール https://lp02.ieul.jp/	マンション、一戸建て、土地、投資用物件、ビルなど	掲載する会社数は1,400社以上と多く、各会社のアピールポイントなども記載
LIFULL HOME'S https://www.homes.co.jp/satei/	マンション、一戸建て、土地、投資用物件、ビルなど	日本最大級の不動産検索ポータルサイト「LIFULL HOME'S」が運営
リビンマッチ https://lp.lvnmatch.com/	マンション、一戸建て、土地、投資用物件、ビルなど	工場、倉庫、農地なども取り扱い、不動産会社数も1,400社と多い
マンションナビ https://lp.smoola.jp/	マンションに特化	マンション査定は6社まで、賃貸に出す場合は3社まで対応する

一括査定サイトを通じて不動産価格の査定を申し込む際は、**サイトごとに特徴や強みがある**ので、なるべく多くの会社に査定を依頼すること。物件価格を適正に評価できて、しっかりとサポートしてくれるかどうか判断しましょう。

◎ネットを活用した販売戦略は？

インターネットで購入物件を探すのが当たり前となった昨今、依頼した不動産会社がインターネットを積極的に活用しているかどうかも、売却をスムーズに進めるための大きなポイントになります。

依頼する前に、不動産会社の営業担当者に大手不動産検索ポータルサイト（35ページ参照）に物件情報を載せてくれるか聞いてみることが大事です。

ちなみに、こうした**ポータルサイトへの物件広告の掲載料は仲介手数料に含まれる**のが一般的です。仲介手数料の金額が同じであれば、より多くの大手不動産ポータルサイトに掲載してもらえる会社を選んだほうがお得ということもいえます。

7 不動産会社とはどんな契約を結べばいいの？

◎「一般媒介」のデメリットは販売活動で不利に

不動産を売却する際には、不動産会社と契約を結ぶことになりますが、どれがいいのか迷う人は多いでしょう。そこで、**「一般媒介契約」「専属専任媒介契約」「専任媒介契約」**の3つの媒介契約について簡単に見てみましょう。

まず**「一般媒介」**のメリットは、57ページでお話しした**「囲い込み」が起きにくい**ことです。これは売主側からだけ手数料をもらう場合に比べて2倍の手数料をもらえるため、他社からの問い合わせは断り、売主に対して販売価格を下げさせる手です。

その点、「一般媒介」を結べば、たとえ不動産会社が囲い込みをしても、その間にライバル業者が買主を見つけてしまえば自社は手数料を取れないので囲い込みが起きにくくなるのです。ただし、不動産会社によっては広告も出さず、満足な販売活動すらしてくれないところもあります。なぜなら、どれだけ頑張って広告を出しても、他社に先を越されてしまったら手数料収入にならないからです。

ただし、一般媒介は都市部の、かつ駅から近いマンションなど、人気があって売りやすい物件が適しています。また、とくに地方では、「一般媒介は受け付けていない」という不動産会社が多いのが実情です。売れにくい物件などの場合は、不動産会社の反応を見て決めたほうがいいでしょう。

◎「専任媒介」「専属専任媒介」で注意すること

売りやすい物件であっても、不動産会社に販売戦略を立ててもらい、広告をきちんと打ってもらいたい人には、**「専任媒介」**が適しています。信頼できる不動産会社と専任媒介を結べば、売主の期待に応えようと積極的に販売活動をしてくれるでしょう。

あまり競争がない地方などで売却する場合や、販売価格が極端に安くなる場合も専任媒介が向いています。なぜなら、不動産売却の仲介手数料は**3％＋6万円＋消費税（400万円以上の場合）**と上限が決まっているので、物件価格が1000万円の場合、手数料は約39万円しかなく、前述の一般媒介では真剣に販売活動をしてくれない可能性が高いからです。

なお、**「専属専任媒介」**と専任媒介との大きな違いは、自分で探した相手との直接取引の際に、前者は違約金を取られることです。売り出したところ、近隣の人が直接買いたいといってくるケースは珍しくありません。売主への販売活動の報告頻度が少し減るだけですから、「専任」で契約を結ぶのなら、必ず「専任媒介」を選んだほうがいいでしょう。

どの媒介契約を結ぶにせよ、大切なのは「この不動産会社なら信頼できる」と思えるところと契約を結ぶこと。「何カ月経っても物件が売れない」「しきりに不動産価格を下げましょうといわれる」などの場合、囲い込みの可能性があります。媒介契約を解除し、ほかの不動産会社を当たるのがおすすめです。

3つの媒介契約の特徴

●一般媒介契約

複数の不動産会社に売却を依頼できるが、不動産会社から物件の販売活動について報告義務はない。また、「レインズ」への掲載義務もないため、希望する場合は掲載してくれるよう契約の際に話をつけておく必要がある。

●専任媒介契約

1社の不動産会社にしか売却の依頼ができない。不動産会社は売主に対し、販売活動を2週間に一度報告する義務がある。また、契約日から7営業日以内に物件を「レインズ」に登録する義務がある。なお、自ら探した相手との直接契約ができる。

●専属専任媒介契約

専任媒介契約と同様、1社の不動産会社と媒介契約を結ぶ。不動産会社は売主に対し、販売活動を1週間に一度報告する義務がある。契約日から5営業日以内に物件を「レインズ」に登録する義務がある。自ら探した相手との直接契約をするには、違約金を支払わなければならない。

高く売るためのポイントを知っておこう

◎「住宅ローン減税」の適用で魅力アップ

住宅ローン減税が適用されるように条件を整えて売り出せば、買い手にとってはコストが安くなり魅力となります。しかし、空き家にとっての問題はクリアすべき条件が多いこと。空き家を含めた中古住宅は古くなっているぶん、将来も安心して住めるかどうかが判断されます。その結果、住宅ローン減税が適用されない物件も多く、買い手は損得勘定をして、物件選びを行うことになります。

自分の物件に住宅ローン減税が適用されるようにするにはどうすればいいでしょう。

まず、住宅ローン減税を受けるには、**新耐震基準への適合が条件**となっています。そのため、マンションについては過去に耐震補強工事を行っているかどうか確認すること。また一戸建ては、自分で耐震補強工事を行うには100万円単位になることもあり、あまり現実的ではありません。

しかし、新耐震基準に適合していなくても、木造住宅の場合は築20年以内、マンションは築25年以内であれば、住宅ローンの適用要件に適合します。また、それ以前の物件であっても、**「既存住宅性能評価書」**を申請し、審査に通ればOKです。ただ、取得しやすい一方、認知度が低い点がデメリットです。

◎既存住宅売買瑕疵保険の保険付保証明書

築年数の古い空き家を住宅ローンに適用させるには？

建物の種別	築年数	住宅ローン減税を適用するには
木造住宅（非耐火建築物）	築20年以内	そのままで適用
	築20年超～	●基本的に難しいが「既存住宅売買瑕疵保険」に加入するのがベスト ●耐震改修工事を行って、「耐震基準適合証明書」を取得することも可能（3階建てなどでは「構造計算書」で「既存住宅売買瑕疵保険」への加入も可能）
マンション（耐火建築物）	築25年以内	そのままで適用
	築25年超～	●基本的に難しいが「既存住宅売買瑕疵保険」に加入するのがベスト ●「耐震基準適合証明書」または「構造計算書」で「既存住宅売買瑕疵保険」に加入するのがベスト（耐震改修工事が必要な場合、居住者全員の合意が必要になるため、個人では不可能）

※上記のほかに、床面積が50㎡以上であることなどの諸条件があります

「既存住宅売買瑕疵保険」は物件の引き渡し後に、万が一、構造部分や雨水の浸入を防止する部分などに瑕疵（欠陥）が見つかったとき、補修に必要な費用が保険金で支払われるもの。この保険に加入し、証明書を取得しても住宅ローンに適用されます。

売主が不動産事業者の場合、2年間の保証がつくのが一般的ですが、売主が個人の場合、約6割が保証のない物件です。それに対して、この保険に加入していると1年間もしくは5年間保証がつき、買主からすれば安心して買えるのがメリットです。

加入にあたっては、住宅瑕疵担保責任保険法人へ登録された検査機関を通して検査を受けます。加入に必要な費用は、現場検査手数料と保険料（支払いは加入時の1回のみ）合わせて5万～10万円程度。**保険の販売を目的としているため、審査のチェックが甘めで、比較的通りやすい**のが魅力です。

新耐震基準の住宅であれば、既存住宅売買瑕疵保険の保険付保証明書、それ以前の住宅であれば、既存住宅性能評価書の取得をめざすのがいいでしょう。

column 2

売却して利益が出たら「3,000万円控除」を使おう！

空き家を売却した場合、基本的には「譲渡収入－（取得費＋譲渡費用）」で譲渡所得を求め、この譲渡所得に対して所得税が発生します（46ページ参照）。ただし、同じ空き家でも相続した空き家（建物・土地など）を売却した場合、有利な税制があるので、ぜひ覚えておきましょう。一定の要件を満たしていれば、譲渡所得額から3,000万円の特別控除の特例が受けられます。

節税できるのは一戸建ての場合に限られますが、最大で「3,000万円×（所得税率15.315％＋住民税5％）＝609万4,500円」となります（所有期間が5年を超える長期譲渡所得だった場合）。なお、この特例措置の適用を受けるには、以下の要件をすべて満たしている必要があります。

①譲渡日の要件

・売った翌年に確定申告をしないと特例の効力がなくなる。特例適用の期間は2023年12月31日までに売却した場合（2019年4月税制改正で延長）

②相続した家屋の要件

・1981年5月31日以前に建築された一戸建て（マンションなどの区分所有建物ではない）

・被相続人（亡くなった人）が一人で暮らしていた

・相続開始から売却されるまで、誰も住んだり、使用したりすることのない空き家だった

③売却した際の要件

・譲渡価額が1億円以下

・建物を解体、更地にして売却。もしくは耐震改修工事を行って売却した

・親族などへの売却ではない

このように適用要件が細かく設定されているため、必要書類が多くなります。たとえば、売却した資産のある市区町村で、「被相続人居住用家屋等確認書」の交付を受ける必要があります。不明点は専門家に相談するなどして、時間に余裕を持って準備を進めるようにしましょう。

第3章

「賃貸」に出して収益を上げよう

賃貸に向いている物件と向いていない物件を知っておこう

◎第一条件は立地と築年数で判断

「空き家にしておくのはもったいないから、賃貸に出していくばくかでも収入を得よう」と思うのは当然です。

ただし、空き家といっても、立地や築年数など状況は千差万別。賃貸に出しても、借り手がいなければ意味がありません。そこで自分の所有する物件が、賃貸に向いているのかどうかを考えてみましょう。

一般的に賃貸に向いている物件の第一条件は、立地と築年数です。駅に近く交通の便がいい、築年数が浅い物件なら、一戸建て、マンションともに賃貸向けの第一条件をクリアしています。

ただし、その物件が大都市圏にあるのか、それとも地方都市に立っているのか、また中心市街地か、郊外に立地しているのかなどによって諸条件が変わってきます。

◎大都市圏の場合

東京や名古屋、大阪などの**大都市圏では、一戸建てなら中心都市の駅から徒歩圏内、もしくはバスが利用できる範囲に立地**しているかが条件になります。築年数は浅いに越したことはありませんが、築30年ぐらいまでは許容範囲といえるでしょう。

中心地から離れた郊外になるとバス利用が不便になる可能性が高いため、駅から徒歩圏内の物件が有

賃貸向きの物件条件を比較

		一戸建て			マンション		
		築年数	駅から		築年数	駅から	
			徒歩	バス利用		徒歩	バス利用
大都市圏	都心	～築30年ぐらい	○	○	築15年ぐらい	○	○
					築30年ぐらい	○	−
	郊外		○	−	築15年ぐらい	○	−
					築30年ぐらい	○	−
地方都市	中心市街地	～築15年ぐらい	○	○	築15年ぐらい	○	−
					築30年ぐらい	○	−
	郊外		○	−	築15年ぐらい	○	−
					築30年ぐらい	−	−

POINT

●大都市圏、地方都市ともに駅から徒歩圏内は有利
●一戸建ては多少駅から遠く、築年数が経っていても需要はある
●郊外に立地し、バス利用圏の物件は賃貸には不向き

利です。

マンションもほぼ同じ条件ですが、こちらは一戸建てよりも築年数がシビアになります。都心部なら多少築年数が経っていても賃貸は可能ですが、郊外の場合は面積が広い、セキュリティがしっかりしているなど、プラスαの条件が必要になります。

◎地方都市の場合

一方で地方都市の場合、**一戸建て、マンションともに大都市圏と比べて築年数に関する条件は15年前後までと**、かなりハードルが高くなります。

立地に関しては、中心市街地なら駅から徒歩圏内が最優先でしょう。バス利用圏も可能ですが、所在地が郊外になるとバス利用の物件は条件が厳しくなります。とくに郊外に立地し、バス利用のマンションに関しては築浅物件であっても賃貸としては不人気です。

また、同じ駅近物件といってもどのくらいの距離なら駅の近くと判断されるかは、マンションか、一

戸建てかによって条件が変わってきます。

あくまでも一般論ですが、**マンションのほうが条件は厳しくなり、借り手が希望する条件は徒歩5分以内が多い**といわれています。これに対して一戸建ては徒歩10～15分圏内なら駅近物件として認識されます。

◎借り手をイメージして条件を設定

では、地方都市の郊外にあり、築年数も経っている物件は賃貸物件としての需要がゼロなのかというと、一概にそうともいえません。一般的な賃貸の人気条件からは外れてしまいますが、あえてそういった物件を選ぶ人もいるからです。

ただし、一般的な需要が少ないぶん、家賃を抑えたり、賃貸条件を緩和したりする必要はあるかもしれません。

そこでまず、**自分が所有している物件は、どんな人が借りるのかをイメージ**してみましょう。

先ほど挙げた、地方都市の郊外にある、築年数も経っている一戸建ての場合を考えてみましょう。

一般的に一戸建てを求めるのは、子育て世代です。マンションのように物音や声、足音などの騒音に気を使わずに済みますし、スペース的にも余裕がある一戸建ては人気がありますが、供給が少ないので意外に借り手が見つかるかもしれません。

駅からの距離があっても、地方なら車での移動が中心になるため、大型のファミリーカーや夫婦用に2台分の車が駐められるような広めの駐車場があれば需要は見込めます。

ただし、小さな子どもが壁に落書きをしたり、跳んだりはねたりして家屋を傷める可能性があることは否めません。築年数が経っている物件なら、多少の家屋の傷みは覚悟しておきましょう。

ファミリー層にアピールするなら、郊外の立地も「自然豊か」というメリットになりますし、家の傷みを許容するなら「ペット可」の条件をつけるのも手です。周囲に学校や保育所、病院、大型のショッピングモールなどの施設があればそれもアピールポ

逆転の発想で賃貸不向き物件でも借り手はつく!?

マイナスポイント	逆転の発想	プラスポイント	メリット
駅から遠い	自然環境に恵まれている	●敷地が広い ●話し声や生活音を気にしなくていい	子育て世代にアピールできる!
建物が古い	家屋の傷みを気にしなくていい	●子どもが暴れても大丈夫 ●ペットを飼ってもいい ●DIYで改装可能	

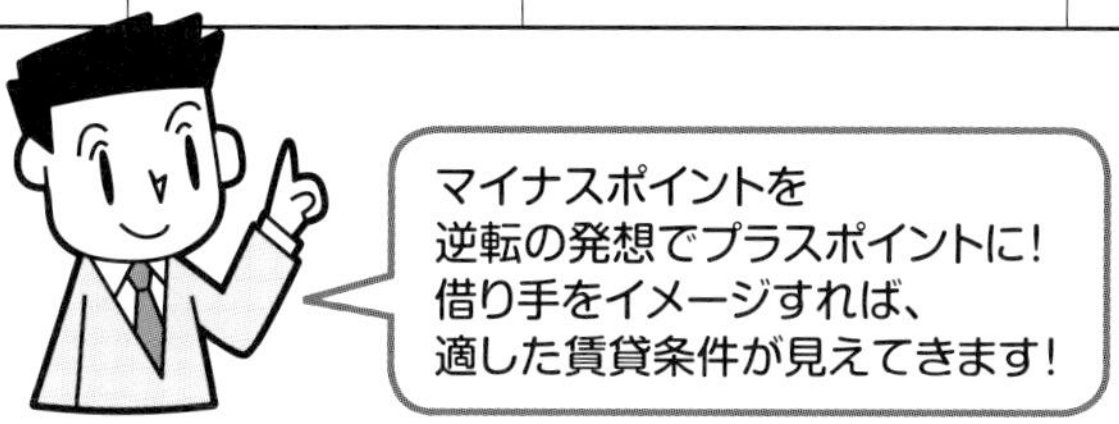
マイナスポイントを
逆転の発想でプラスポイントに!
借り手をイメージすれば、
適した賃貸条件が見えてきます!

イントになりますし、相場より家賃を低めにすれば、支出がかさむ子育て世代には好条件と捉えられるでしょう。

◎条件次第で借り手が見つかる可能性も

このように「一般的」には賃貸として条件が整っていないとしても、条件次第で借り手が見つかる可能性はあります。

そのときに大切なのは**優先順位を決める**ことです。あくまでも家賃収入を重視するのか、相場より低くても「空き家」にしないことを重視するのか。家の状態を保ちたいのか、多少は家が傷むのを覚悟しておくのかといったことを考えてみましょう。

将来自分たちが住む予定なら、家の傷みを気にする人もいるでしょうし、いずれは更地にして売却するつもりなら家屋の傷みはあまり気にならないはずです。貸し手の事情は異なりますからケースバイケースになりますが、どこまで許容するのかで賃貸条件は変わってきます。

これだけは知っておきたい賃貸借契約に関わる法律

◎賃貸借に関わる3つの法律

空き家を賃貸に出すということは、自身が家主つまり貸し手として、住む人、つまり借り手との間に賃貸借契約を結ぶということです。

そして、**「賃貸借契約」**を結ぶためには、いくつかの法律が関係してきます。順に見ていきましょう。

・民法

すべての契約の基礎となるのが民法です。不動産の賃貸借契約に関しても、基本的な考え方が規定されています。

・借地借家法

空き家を賃貸に出すときには、この借地借家法によって「賃貸借契約」の期間や更新、また契約終了などが定められています。

賃借人、つまり借り手側保護の観点から、土地や建物の賃貸借契約に関して、民法の規定に優先して適用される法律です。

法の規定と異なる契約を結んだ場合は、たとえ貸し手と借り手の双方合意のうえだったとしても、借地借家法の規定が適用される「強行規定」の条項が含まれています。

・消費者契約法

民法では契約において当事者同士が対等、平等であることが原則とされています。

ところが、不動産の賃貸借では貸し手が事業者の

不動産の賃貸借契約に関わる法律

	法律の目的	賃貸借関連の規定
民法	生活に密接に関連する、さまざまなルールを明文化した法律	賃貸借にかかわらず、すべての契約の基礎となる法律
借地借家法	賃借人保護の観点から、賃貸借契約の期間や更新、契約終了などについて民法の規定に優先して適用される法律	契約当事者双方の合意があっても、法の規定と異なる場合は「強制規定」によって借地借家法が適用される条項を含む
消費者契約法	事業者と消費者が契約を結ぶとき、当事者同士の対等、平等の原則に基づいて、消費者保護の観点から規定された法律	事業者の不適切な行為によって消費者が誤認して契約を結んだ場合は契約を取り消すことが可能など、民法に優先する規定がある

POINT　**賃貸借契約は「法律」が関係してくることを理解しておきたい!**

場合が多く、その場合に情報量や知識量、交渉力に差が出てしまいます。

そこで、事業者と個人の契約の際には、消費者保護の観点から民法に優先する規定が設けられています。

たとえば、事業者の不適切な行為によって、消費者が誤認して契約を結んだ場合は、その契約を取り消すことができますし、契約内容に消費者側に不当に不利な条項がある場合には、その条項を無効とするような規定が定められています。

◎資産を守るためにも法律を守ろう

不動産賃貸には、少なくない額の金銭のやりとりが発生します。また**家という大きな資産を他人に貸すのですから、リスクも伴っている**ことを念頭に置いておかなければなりません。

不要なトラブルを避け、自分と資産を守るためにも、「契約」に関する法律を守って賃貸契約を結びましょう。

3 同じような賃貸物件の賃料相場はいくらぐらいか？

◎地元の賃料相場を調べる

まず、自分が持っている物件の賃料がいくらぐらいになるのか、その賃料相場を知りましょう。

不動産物件の賃料は、首都圏か地方か、一戸建てかマンションか。また間取りや広さ、築年数、最寄駅からの距離など、次ページの図表のように、さまざまな要素を複合して決まります。

地元の不動産業者に見積もってもらうのもよいのですが、その前に大手不動産検索ポータルサイト**「スーモ」「ライフルホームズ」「アットホーム」などで物件検索**するのが便利です（35ページ参照）。

これらのサイトを利用する際は、あらかじめ条件を絞り込むこと。たとえば、「スーモ」では所在地や沿線、最寄駅だけでなく、どんな設備があるか、耐震性能は十分か、リフォーム済みなどの部位か、といった複数の条件を入力すると、条件に合致した物件がリストアップされます。

自分の所有する物件のある周辺エリアの似たような仕様の物件情報をいくつか調べていくと、おおよその賃料相場がわかってくるはずです。

◎業者の見積もり価格も参考に

インターネットでの相場調査をおすすめしたのは理由があります。借り手が見つかりやすいのは比較的賃料が安い物件ですから、所有者から仲介の依頼

家賃を決める要素

「立地」による条件	「物件」による条件
●最寄駅からの距離および交通の便 ●都心部からの交通アクセス ●スーパーやコンビニなど、商業施設までの距離 ●学校や保育園、病院など、教育施設、医療施設の有無 ●郵便局や市役所などの公共施設 ●家族で一緒に遊べるような公園や、スポーツ施設などの有無 ●用途地域は住居専用地域か、商業系か、工業系か？	●一戸建てか、集合住宅か？ ●鉄筋か、木造か（アパートかマンションか） ●間取り（部屋数、和室か洋室か） ●位置（何階か、角部屋か） ●日当たり（南向きか、採光面） ●面積（広さ） ●築年数（耐震性能は十分か） ●バス＆トイレ（ユニットバスか、バス・トイレ別か） ●設備（エアコン、室内洗濯機置き場、コンロ、インターネット対応） ●建物（敷地内駐車場、セキュリティ、宅配ボックス） ●ペット飼育可か？ ●楽器の使用は可能か？

POINT
家賃は「立地」と「物件」の2要素の組み合わせで決まる！
実際の家賃は「業者の見積もり価格」程度が現実路線

を受けた不動産業者は実際の相場よりも若干安く賃料を見積もってくる可能性が高いのです。

たとえば、本来なら10万円で貸せる物件であっても、1割ぐらい低い金額の賃料を提示してくるかもしれません。一方、貸主としてはなるべく高い賃料に設定したいものですから、「ネットでは同じような条件でもっと高い賃料だった」と不満に思うかもしれません。

しかし、自分で調べた賃料相場は目安として考えましょう。同じエリア内の似たような物件よりも高い賃料を設定していたら、割高感からなかなか入居者は決まりません。借り手がつかなければ賃料収入を得ることはできませんし、さらに空き家のままにしておくと家屋の傷みも早くなり、ますます借り手がつかない悪循環に陥ります。

あまり**高望みをせず、現実的には不動産業者が見積もった価格ぐらい**。場合によっては、見積もり価格より下がることもあると考えておいたほうが無難です。

4 賃貸に出すといくらかかるか？収支を計算してみよう

◎出ていくお金も無視できない

　空き家を賃貸に出せば、家賃収入が得られる……と思うかもしれませんが、実際には「出ていくお金」もかなり大きいので無視できません。そこで賃貸に出すときの収支を考えてみましょう。

　入ってくるお金には、**一時的な収入と継続的な収入**の2種類があります。

　1つ目は一時的に入ってくるお金として、新規で入居契約を結ぶときに借主が払う「礼金」です。家賃1〜2カ月分が通例ですが、最近は礼金を無料とするケースも増えています。

　そして、契約更新の際に借主が貸主に支払う「更新料」も一時的な収入になります。こちらも、最近では更新料ゼロの物件が増えてきています。

　2つ目は継続的に入ってくる「家賃」と、借主が払う「管理費（共益費）」です。これは入居者がいる限り、継続して入ってくるお金です。

「敷金」は家賃滞納や補修費などの支払いの担保として借主から預かっているお金ですから、収入にはカウントできません。

　次に出ていくお金を見てみましょう。こちらは**初期投資、一時的な支出、継続的な支出の3種類**に分けて説明しましょう。

　まず初期投資として必要なのは「家財道具の処分」があります。親が住んでいた家には多くの家財

賃貸における収入と支出

収入	一時的	礼金	新規の賃貸契約を結ぶ際に借主が貸主に謝意として払うもので、賃料の1～2カ月分が通例。ただし、近年は礼金ゼロの物件も増えている
		更新料	賃貸契約を更新する際に、貸主に支払われる。更新後の新家賃の1カ月分程度が通例だが、近年は更新料無料の物件も増えている
	継続的	家賃	空室のリスクに注意
		管理費（共益費）	マンションやアパートなどの集合住宅の場合、借主が負担する管理費。ただし、管理を委託している不動産業者に支払うケースがほとんど
支出	初期投資	家財道具の処分	親の遺品など、不要な家財道具の処分費用、粗大ごみの回収費用など
		リフォーム	耐震診断、白アリ駆除、水回りのリフォームなど
	一時的	仲介手数料	不動産業者に入居者募集を依頼する場合にかかる手数料。月額家賃の0.5～1カ月分に消費税がかかる
		メンテナンス費用	入居中の設備故障などのメンテナンス費用、入退去時のクリーニング費用など
	継続的	管理委託費	家賃の集金や苦情対応などの「入居者管理」や建物の清掃やメンテナンスといった「建物管理」を不動産業者に委託した場合にかかる。家賃の5%程度が目安
		修繕積立金	建物の大規模な修繕にかかるお金を積み立てておく
		税金	固定資産税や都市計画税など
		事業経費	火災保険、通信費、交通費ほか

POINT

近年は敷金・礼金・更新料が無料という物件も増えており、貸主の収入は減少傾向

道具が残されているケースが多く、賃貸に出すためにはそれらを片づけなければなりません。自分でやる人もいますが、最近では業者に依頼する人も増えてきています。

また、築年数と状態によってはある程度の「リフォーム」が必要になるかもしれませんから、そのときにもまとまったお金の支出があります。

次に一時的な支出としては、入居者募集を不動産業者に依頼する場合に必要な「仲介手数料」です。そのほか、初期投資に挙げたリフォーム以外にも、入居中に起きた設備の故障などに対応するための「メンテナンス費用」や、入退去時に行う補修や室内クリーニングにも費用がかかります。

そして継続的な支出としては、入居者や建物の管理を業者に任せたときにかかる「管理委託費」のほか、建物の「修繕費用の積み立て」などが必要です。

そのほかに固定資産税や都市計画税などの「税金」もかかりますし、火災保険（建物に対する保険）などの諸経費も考慮に入れておく必要があります。

◎初期投資を抑えて黒字化を図る

もし物件が大都市にあり、築浅で初期投資に必要なリフォーム費用が抑えられる物件なら、収支のバランスは取りやすいと考えられます。

反対に、家賃が安い地方の郊外にあり、築年数もかなり経過している物件となると、リフォームにかなりの金額の投資が必要になるため、費用を回収するには長い期間を覚悟しなければなりません。

ただし、築年数の古い一戸建ては新耐震基準に適合していないと、売却する場合ほどではありませんが不利になります。34ページでもお話ししたような、1981年6月以前に建築確認申請を受けている旧耐震基準の建物の場合は、必ず耐震診断を受けて、できれば耐震補強工事を行うのがおすすめです。費用は物件にもよりますが、100万～150万円未満が多くなっています（日本建築防災協会調べ）。

室内に手を入れるなら、水回りを新しくするだけで印象が格段に変わります。

賃貸の収支を計算する（モデルケース）

（一時的な収入 ＋ 継続的な収入）－
（初期投資 ＋ 一時的支出 ＋ 継続的支出）＝ 全体的な収支

●以下の条件で5年間の収支を見てみよう！

借主：2組（1組目は2年で退去）

総入居期間：55カ月（5カ月の空室期間あり）

家賃10万円（共益費なし）、契約2年間、礼金、更新料各家賃1カ月分

収入	一時的	礼金：1カ月分×2回	20万円	A
		更新料：1カ月分×1回	10万円	
	継続的	家賃：10万円×55カ月	550万円	
支出	初期投資	リフォーム：140万円	140万円	B
	一時的	仲介手数料：5万円×2回	10万円	
		退去時のクリーニング費用：10万円×2回	20万円	
	継続的	管理委託費：48,000円（年間）×5年分	24万円	
		税金・維持管理費等：約50万円×5年＋別途15万円	265万円	

A(580万円)－B(459万円)＝121万円

家賃設定するときは、さまざまな支出を差し引いても難なく毎月手元に残るくらいの条件がそろうことがポイント。資産が目減りしたり、賃貸経営の先行きを心配したり、悩みながらの経営にならないよう注意が必要です！

不動産業者に仲介業務を依頼するための基礎知識

◎借主を見つけるには不動産業者に依頼

結論から先にいってしまえば、物件を賃貸に出すならプロである不動産業者に依頼するのが一番です。借主と結ぶ建物賃貸借契約書は10ページにも及ぶ書類を作成しなければならず、素人の手に負えるものではありません。

また、入居者募集のノウハウと手間を考えると、やはり業者に仲介を依頼するのがベストでしょう。

◎不動産仲介は「媒介」と「代理」の2種

不動産業者の仲介は「媒介」と「代理」の2種類に分かれます。一般的に、業者が仲介業務として行うのは、①賃料査定、②募集条件の設定、③入居者募集、④入居者決定、⑤賃貸契約締結、⑥入居手続きなどです。

これらの業務のうち、「媒介」は、①~③は業者が行いますが、④以降に関しては業者のサポートを受けながらも、最終的に借主を決定し、契約を結ぶのは貸主になります。

一方、「代理」の場合は入居者の決定や契約の締結といった、④~⑥の業務に関してもすべて業者に委任する仲介スタイルです。**物件が遠方にあり、契約のたびに足を運ぶのが難しいような場合は「代理」を依頼**したほうが手間がかかりません。

また、媒介契約にも**「一般」「専任」「専属専任」**

不動産業者が行う仲介業務のおもな内容

①賃料査定	物件を査定する
②募集条件の設定	査定結果と貸主の希望賃料を考慮して、実際の家賃を決め、また、敷金や礼金といった募集条件を決める
③入居者募集	貸主との合意のうえでインターネットや情報誌への掲載などの宣伝活動を行う。また、入居希望者からの問い合わせへの対応や内覧などの現地案内を行う
④入居者決定	入居希望者との条件交渉や入居審査を行う。また、入居予定者に対しては、物件や契約条件などに関する説明（重要事項説明）を行う
⑤賃貸契約締結	賃貸契約を締結する
⑥入居手続き	賃料や敷金、礼金などの授受、鍵の受け渡し、火災保険加入などの手続きを行う

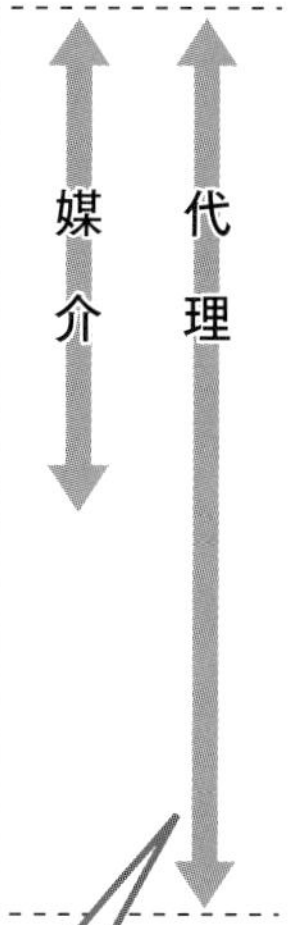

物件が遠方にあるのなら、「代理」が効率的

の３つのタイプがあります。仲介手数料は同じですが、それぞれにメリットとデメリットがあります。

一般契約は複数の業者に依頼が可能です。広く借主を探せるのはメリットですが、広く浅くといったイメージで、貸主への経過報告も義務付けられていないために、業者によっては専任物件を優先させて後回しにされてしまう可能性もあります。

専任と専属専任は、契約した業者のみが物件を取り扱えます。接触できる借主の数は少なくなりますが、貸主への経過報告も専任なら２週間に１回以上、専属専任なら１週間に１回以上が必要になるため、**熱心に借主を探してもらえます。**

◎仲介手数料と業務委託料の違い

仲介手数料は、賃貸契約が成立したときに業者が貸主、借主双方に請求できるものです。これは代理の場合も、媒介の場合も、金額が家賃１カ月分＋消費税と宅地建物取引業法で定められており、貸主と借主で半分ずつ負担するのが通例とされています。

ただし、双方の合意がある場合には負担割合を調整したり、どちらか一方が全額を負担することも可能で、現実的には借主に全額を請求するケースが多いようです。

一方の**業務委託料は、賃貸契約の締結時に貸主から不動産業者に支払われる**もので、広告料などの名目になっている場合もあります。

本来は交通費や広告費用なども仲介手数料に含まれますが、例外的に貸主の特別な依頼に基づいて発生した広告費用などの実費については請求が認められているため、業務委託料や広告料として貸主に請求されることが多いのです。

しかし実際には、借主を見つけてくれた業者に対して貸主が支払う報酬という意味合いが強く、グレーな存在ともいわれています。

この業務委託料が高いほうが、業者としては入居者募集のモチベーションは上がりますから、結果的に借主が見つかる可能性が高いという現象が起きます。ただし、高すぎる業務委託料は貸主の負担になり、結果的には賃貸収入を圧迫します。業者との契約の際には、この業務委託料にも注意が必要です。

◎依頼する業者の選び方

仲介業務の契約期間は3カ月です。どの業者に、どんな方法で依頼するか迷ったら、まずは一般媒介で2～3社に依頼してみましょう。お付き合いしていくなかから、「ここは熱心に入居者を探してくれている」というように信頼できる業者が見つかったら、更新時に専任契約を考えるのもいいでしょう。

とくに成約率が高そうな優良物件に対しては、業者側から「専任契約を」と求められることがありますが、一度専任や専属専任で契約してしまうと、契約期間の3カ月はほかの不動産業者で物件を扱ってもらうことができません。**即決せず、相手を見極める時間を確保すべき**でしょう。

現実的には、複数の不動産業者を訪ね、賃貸に出す相談をしながら、気の合った担当者のいる会社と契約するということもよくあるようです。

媒介の3タイプ　メリットとデメリット

	一般	専任	専属専任
契約期間	制限はないが3カ月以内に設定しているケースが多い	3カ月以内	3カ月以内
複数の業者との契約	○	×	×
自己発見取引	○	○ （ただし、実費が請求される場合も）	× （違約金が請求される）
レインズへの登録	しなくてもOK	7営業日以内	5営業日以内
経過報告	しなくてもOK	2週間に1回以上	1週間に1回以上
メリット	●入居予定者との接触範囲が広くなる ●業者間の競争原理が働く	●窓口が一つになる ●積極的に営業してもらえる	●窓口が一つになる ●積極的に営業してもらえる ●こまめに状況把握ができる
デメリット	●後回しにされる可能性 ●窓口が多くなり複雑	●入居予定者との接触範囲が狭い ●信頼ができる業者か？	●入居予定者との接触範囲が狭い ●信頼ができる業者か？ ●自己発見取引ができない

MEMO 自己発見取引とは？

自分自身で借主を見つけて契約を結ぶこと。一般や専任なら仲介手数料を支払わずに済む。ただし、家賃の滞納などの問題が起こることもあるので、不動産会社に仲介してもらうほうがベター。

MEMO レインズとは？

不動産流通機構が運営するネットワークのこと。不動産の売却や賃貸物件の情報を登録し、ほかのすべての不動産会社に提供することで、最適な買主もしくは借主を円滑に探すことができるシステム。年間20万件以上の取引が成立している。

将来を考えるなら「定期借家契約」も視野に入れよう

◎期間限定で家を貸す「定期借家契約」

通常、契約には法的に拘束力があり、簡単に解除ができません。とくに賃貸借契約は当事者間の信頼関係が基礎となった継続的な契約であり、ほかの一般的な契約よりも解除できる条件が限られています。

そのため、貸主の都合で借主に退去してもらうためには立退料などを支払わなければなりません。

「数年後には更地にして売却も考えている」「定年退職したら地元に帰って自分が住むかも……」といったように、将来的に事情が変わる可能性がある場合にはどうすればよいのでしょうか。

期間限定で家を貸したい、そんな場合に活用したいのが「定期借家契約」です。

この定期借家契約では、契約で定めた期間が満了すれば、賃貸契約は確実に終了します。契約の期間は1年未満も可能です。

ただし、契約期間が1年以上の場合、**期間満了の1年～6カ月前までに、貸主から借主に対して契約期間満了の通知**を行わなければなりません。この通知を忘れてしまうと、契約期間が満了しても退去を求めることができなくなります。その場合は、実際に通知を行ってから6カ月が過ぎた段階で契約終了を主張することが可能です。

もちろん、双方が合意すればそのまま借主が住み続けることは可能ですが、定期借家契約の場合は更

定期借家契約とは？

契約	概要	注意点
契約期間	自由に設定できる 1年未満も可能	「とりあえず○年」であっても、必ず契約期間を定めておくこと
更新	なし ただし、双方合意のうえで再契約は可能	再契約では改めて敷金や礼金、仲介手数料が必要
契約終了時	契約期間が1年以上の場合は、契約終了から1年～6カ月前までに貸主から通知が必要	契約期間が1年未満の場合は通知の必要がない
中途解除	不可	ただし、床面積200㎡未満の居住用建物では、転勤や病気などの療養、親族の介護など、やむを得ない事情であれば借主側からの解除の申し入れも可能
契約の締結	契約期間を定め、公正証書などの書面で契約する	賃貸契約書とは別に、あらかじめ契約の更新がないこと、期間の満了とともに契約が終了することを借主に明示しなければならない。貸主がこれを怠ると定期借家契約の効力はなくなり、通常の借家契約とみなされる

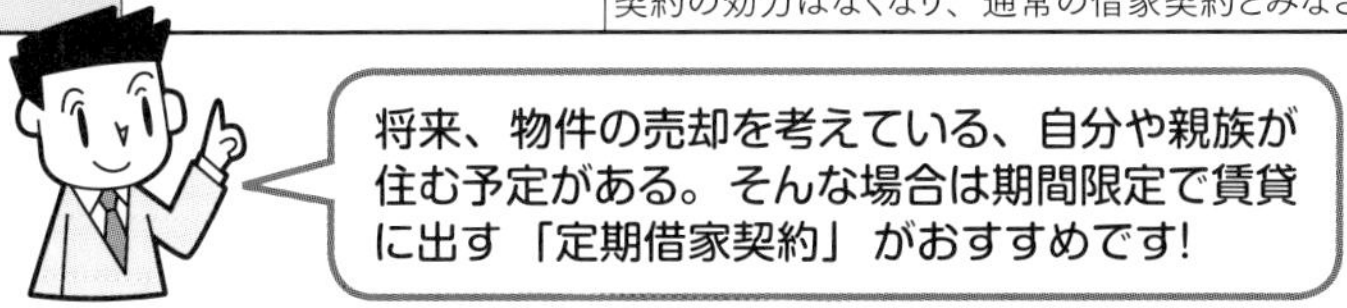
将来、物件の売却を考えている、自分や親族が住む予定がある。そんな場合は期間限定で賃貸に出す「定期借家契約」がおすすめです！

新ができないので、借主は改めて敷金や礼金、仲介手数料を支払って再契約をする必要があります。

◎定期借家契約のメリットとデメリット

貸主にとってのメリットは、借主にとってのデメリットになることもあります。たとえば定期借家契約では、基本的に**契約期間中に借主の都合による契約解除ができません。**貸主にとっては安定的に賃料が得られる一方、借主にとっては転居の自由が制限されるのがデメリットです（ただし、中途解約に関する特約があるか、転勤、療養などのやむを得ない事情がある場合は中途解約の申し入れは可能）。

そのため一般の賃貸物件に比べ、定期借家契約の物件は敷金や礼金、家賃が低く設定されているケースが多いのです。

転勤で住む期間が決まっている、田舎暮らしを試してみたいなど、短期間だけ家を借りたいというニーズも少なからずありますから、**期間限定の賃貸手法**と考えてみてもよいでしょう。

「DIY型賃貸借契約」なら貸主と借主の双方にメリットが！

◎賃貸の常識を変えた新しい契約スタイル

汚れが目立ち、設備なども古くなった住宅は、賃貸に出すならリフォームが必須、そんなこれまでの常識を覆すのが**「DIY型賃貸借（借主負担DIY型）」**という契約スタイルです。

一般的な賃貸住宅は、借主が勝手に仕様を変更することができません。壁に棚をつけたいと思っても、釘1本打つことができず、入居中に借主が自費で設置したエアコンも退去時には撤去しなければなりません。なぜなら、借主には借りたときと同じ状態にして部屋を返さなければならないという原状回復の義務があるからです。

自分の住みやすいように住宅に手を加えることができない、この不自由さが賃貸の借主の大きな不満にもなっています。そこで2014年に国土交通省が打ち出したのが、新しい賃貸住宅の契約スタイルである「DIY型賃貸借（以下、DIY型）」です。

同省が17年に行ったアンケート調査によると、賃貸住宅への住み替えを考えている人のうち、DIY型の住宅へ入居したいと回答した人は約31%。その理由としては、**「自分好みにリフォームできる」が8割を超える**という反響も得ています。

このDIY型の契約は、貸主が賃貸に出すときにリフォームを行わない代わりに家賃を割安に設定し、借主が自分の負担でリフォームや模様替えをすると

一般的な賃貸借とDIY型賃貸借の違い

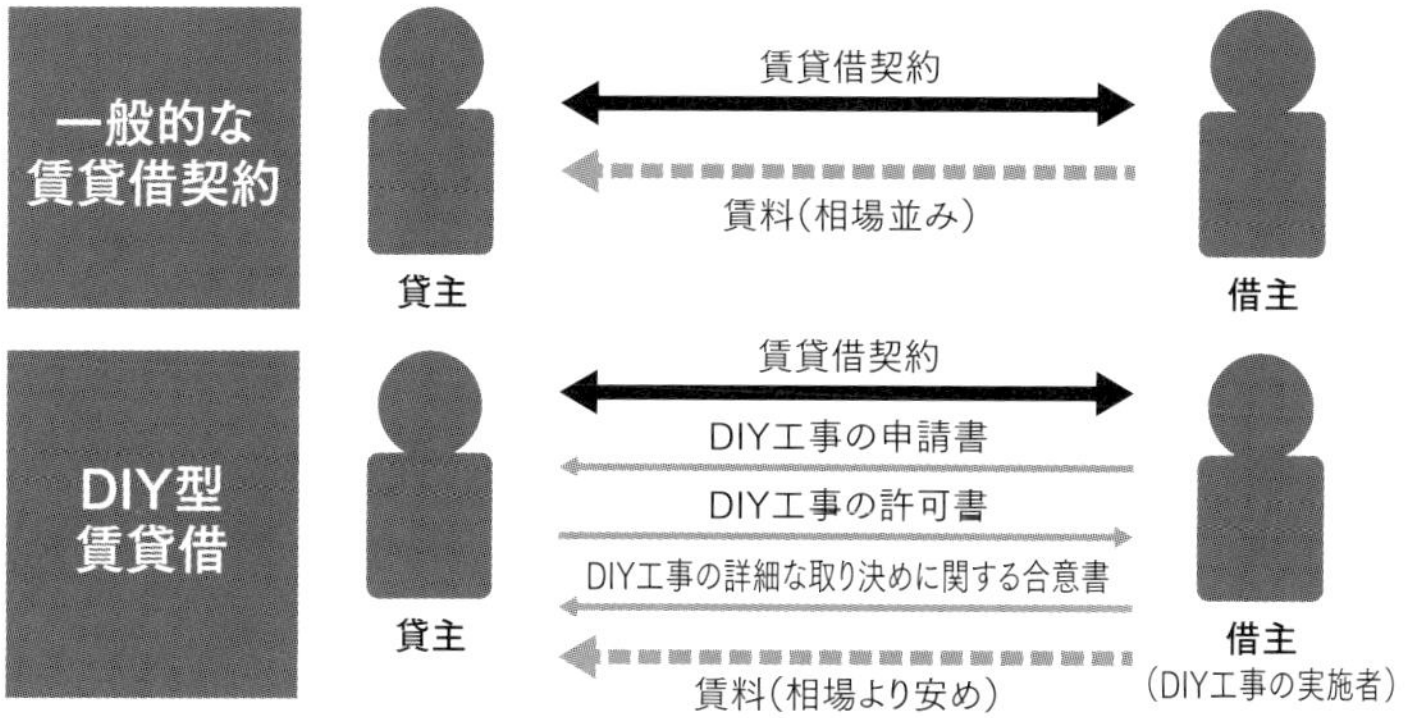

貸主のメリット	●現状の状態で賃貸でき、修繕費用や手間がかからない ●借主がDIY工事を行うため長期入居が見込める
借主のメリット	●自分好みの住まいにリフォームでき、持ち家感覚で住める ●DIY工事費用を負担する代わりに賃料が安くなる

いうもの。退去する際の原状回復義務も負いません。

ＤＩＹ型は、貸主と借主双方にメリットがあります。貸主にすれば**賃貸に出す前にリフォームをしなくてもよいので、初期投資を抑える**ことができます。また、借主としても原状回復を気にすることなく、自分好みの住まいにできるのは大きな魅力になります。必然的に長期間の居住が予想されますから、**貸主は安定的に賃料収入が得られます**。将来、売却を考えている場合に、借主が気に入ってくれればそのまま買い取ってくれるかもしれません。

仮に借主が退去するとしても、リフォームが行われた状態で貸主に引き渡されるので、次に賃貸に出すときに家賃を高く設定できる可能性があります。

ＤＩＹ型として貸し出す際には、まず募集をかける前に、ＤＩＹの際に住宅本体や第三者に損害を与えた場合の責任の所在を明確にすること。ＤＩＹといっても棚を設置する程度のものから、間取りを変更する大規模なものまであり、**どこまで工事を認めるかを決めておく**ことが大事です。

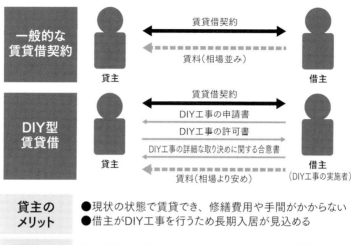

家を相続してから賃貸に出すまでのスケジュール

◎家の相続から入居開始まで

相続した家は、通常はそのまま賃貸に出せないものです。まず、賃貸に出せる状態にする必要がありますし、次に借主を見つけるためのさまざまな準備が必要になります。借主を見つけるまでに、具体的にどのような段階を踏めばよいのでしょうか。順を追って見ていきましょう。

①家財道具の片づけ

実家が空き家になったとき、家財道具の多さに途方に暮れる人はたくさんいます。とくに親世代はモノを捨てない世代です。「まだ使える」「いつか使うから」と、家中にモノが押し込められていた……などという話をよく聞きます。

空き家を賃貸に出すのなら、まずはこれらの家財道具をどうするか考えなければなりません。

兄弟で処分の方法をもめたり、遠方に住んでいて作業がなかなか進まずに年単位の時間がかかるケースも見受けられますが、空き家状態の期間が長くなればなるほど家屋の傷みが進んで、賃貸物件としての価値も落ちてしまいますから、悠長に構えている暇はありません。

あまりにモノが多くて対応に困るなら、まずは自治体に問い合わせてみましょう。粗大ごみなどの廃棄ルールなども各自治体に問い合わせればわかります。また、自治体のホームページに民間の不用品回

賃貸に出すまでのスケジュール1

①家財道具の片づけ

自分でできないときは
●自治体に問い合わせる
●業者に依頼する
時間をかけている暇はない！

②家賃の相場チェック

相場チェックは
●ネットでおおよそを把握
●不動産業者に見積もり依頼
複数業者に依頼して相場をつかむ

③耐震補強やリフォーム

初期投資はなるべく抑える
●優先すべきは安全性
●スケジュールには余裕を持つ

収業者が掲載されていることもあります。市区町村から一般廃棄物処理業許可を受けている業者なら、安心して頼めます。

　自治体に頼む場合、急な対応が難しい、自分たちで家財道具を運び出さなければいけないなどの条件がつくことがあります。そんなときには、遺品整理を請け負ってくれたり、不用品の買取や処分をまとめて行うリサイクル業者もいます。自治体に比べると料金は高めですが、見積もりを取ってみるのもいいでしょう。

②家賃の相場をチェック

　まずはインターネットで周辺の物件家賃をチェック。おおよその相場を知っておきましょう。

　次に不動産業者に見積もりを依頼します。1社だけでなく、2~3社に依頼してプロが出す相場も確認しましょう。

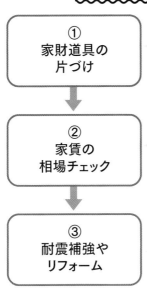

　このとき、耐震診断やリフォーム、ハウスクリーニングをどうするかも相談してみるといいでしょう。

初期投資は、将来得られるであろう家賃とのバランスを見て行うのが鉄則です。収支を見ながら、赤字にならないように計画しましょう。

③耐震補強やリフォーム

耐震補強工事やリフォームにかかった資金は、家賃収入で回収しなければなりません。なるべく費用を抑えながら、資産価値を上げるにはどうすればよいかを考えましょう。

施工業者は1社だけでなく、複数から見積もりを取ること。見積もりの項目は「一括」ではなく、詳細を明記してもらい、無駄がないかをチェックします。引渡日程が明記されているかどうか、引渡日に間に合わなかった場合の対応についても確認しておくとトラブル防止になります。

リフォーム中に新たに修繕が必要な箇所が見つかることもあるためスケジュールには余裕が必要です。

④不動産業者と契約

実際に、不動産業者と仲介契約をします。最初は2~3社と一般的な仲介契約を結び、信頼関係が築けたら専任仲介として1社に絞る方法もあります。

最初に欲張って多くの業者と仲介契約を結ぶと、入居希望者が出るたびに複数の業者から問い合わせが来ることもあり、対応に苦労します。内覧希望者に、鍵の受け渡しをどうするかといった問題もあります。

もちろん物件の近くに住んでおり、貸主としてすべての内覧に立ち会えるなら問題はありませんが、週末も仕事をしていたり、遠方に住んでいる場合は不可能でしょう。あらかじめ仲介を契約したすべての業者に合鍵を預けておく方法もありますが、不用心ですし回収も大変です。

どこかメインになりそうな業者に鍵を預けておき、ほかの業者には、「○○不動産に鍵を預けてあります」と伝えておく方法をおすすめします。

⑤入居者募集

入居者募集はタイミングも重要です。できれば進学や就職、転勤といった新生活がはじまる春と、企業の人事異動や結婚式が増える秋の引っ越しシーズンに間に合うように入居者募集をかけましょう。

賃貸に出すまでのスケジュール2

④ 不動産業者と契約

最初は複数業者と仲介契約を
- ●問い合わせに対応できるか?
- ●内覧時の鍵の取り扱いに注意

↓

⑤ 入居者募集

物件が動く時期に合わせる!
- ●春と秋は引っ越しシーズン
- ●学校の新学期前　など

↓

⑥ 入居者決定・賃貸契約・入居開始

家賃交渉には柔軟に対応
- ●空室期間が長引く可能性
- ●家賃収入が得られない

春先なら2月から物件が動きはじめ、3月が成約のピークになる傾向です。一般的に、秋は9月から10月が入居希望者が増加するチャンスです。

とくに一戸建てはファミリー層がメインターゲットになりますから、貸主の転勤や異動の辞令が出るシーズンだけでなく、子どもの転入学を考えると新学期がはじまる前に引っ越しを終えたいと思うものです。

これらのタイミングを逃すと、次のシーズンまで空室期間が長くなる可能性もあるため、入居者募集の開始は引っ越しシーズンに先駆けるようなタイムスケジュールで進めるのが理想です。

⑥入居者決定・賃貸契約・入居開始

入居希望者の家賃交渉には柔軟に応じるようにしましょう。当初設定した家賃にこだわって空室期間が長期化すると、その間は家賃収入が得られず、トータルで考えるとマイナスになってしまいます。

収支のバランスを見て、多少の値引きなら検討しましょう。

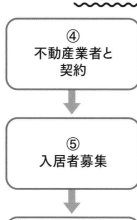

9 トラブル回避のために賃貸管理はどうすればいい？

◎賃貸経営にはトラブルがつきもの

やっと入居者が見つかったところで安心してはいけません。賃貸管理も貸主の役割です。

そこで、賃貸管理にはどのような仕事があるのかを見てみましょう。賃貸管理には大きく分けて、次の2種類があります。

①入居者に関連する管理業務
②建物に関連する管理業務

1つ目の入居者に関する管理業務は、おもに家賃や共益費などの入金管理業務。入居者や近隣住民からのクレーム対応。そして、退去の際の立ち会いや敷金の精算、リフォームや部屋のクリーニングの手配といった退去管理などです。

入居者管理で問題になるのはトラブル対応です。家賃滞納などの金銭トラブルは94ページで説明しますが、それ以外にも騒音やごみ出しの日を守らない、たばこのポイ捨てや無断駐車など、いわゆるマナー違反に関するさまざまなクレームが寄せられます。

92ページの図表のように、入居者同士のクレームもありますし、近隣住民から入居者のマナー違反に対するクレームが来る場合もあります。

これらのクレームの対応には神経を使います。頭ごなしに注意してもすぐに直るようなものではありませんし、下手をすると関係がこじれる可能性すらあります。だからといって放置すると近所での貸主

賃貸管理の仕事はこんなにある！

入居者管理	入金管理業務	●家賃・共益費・水道代・町内会費など、入居者からの入金の管理 ●滞納の督促や保証会社への求償、契約によっては滞納保証
	クレーム対応	●騒音やごみ出しルールなどマナー違反に関するクレーム ●設備故障などのクレームの受付
	退去管理	●入居者が退去するときの受付や立ち会い ●敷金の清算、ハウスクリーニングの手配など
	書類作成	●設備点検や工事日程など、入居者への連絡書類の作成 ●貸主への入金管理や建物管理に関する報告書作成
建物管理	清掃業務	●日常清掃（月に数回）、定期清掃（数カ月～1年おき）
	法定点検	●エレベーターや消防設備、貯水槽清掃など法律で定められた点検
	設備の保守管理	●定期巡回による目視点検、動作点検・打診検査など
	緊急対応	●火災報知機やエレベーターの非常ベルなどが作動した場合の対応 ●水漏れ、ガス漏れ、電気設備故障などの緊急事態への対応
	書類作成	●行政に提出する書類や貸主への点検報告書などの作成

POINT

建物の適切な保守管理は、物件の資産価値を落とさないだけでなく、優良物件として長期入居にもつながる

の評判を落としてしまいますから、根気強い対応が求められます。

◎緊急対応が必要な建物の管理

もう一つの建物に関する管理は、建物の修繕や清掃のような維持管理、メンテナンスに関わるハード面の管理です。

賃貸に出すのがマンションの居室なら、外壁塗装のような大規模修繕に関わるものや共有部分の修繕はマンションの管理組合が契約している管理会社に連絡すれば対応してくれますが、**専有部分の設備故障やトラブルに関しては貸主が対応**しなければなりません。

また、一戸建ての場合も、日頃の建物管理に加えてトイレが流れない、ガスがつかないといった設備故障などのトラブルに対応する必要があります。

これらの建物に関するトラブルは、先ほどの入居者管理に比べて**緊急に対応しなければならない案件が数多くあります。**

こんなクレームに対応できる？

クレーム	内容		対応策
入居時のクレーム	●壁紙や床の汚れ ●建て付け不良 ●水漏れや配管の詰まり など	対応策	空室期間が長くなった際も、定期的なメンテナンスを実施する
入居者同士や近隣住民からのクレーム	●騒音 ●ごみ出しのマナー違反 ●ペット不可物件での動物飼育 ●路上駐車や自転車の放置 ●共用部分の私的利用 など	対応策	・入居時に物件利用の手引書などでマナー意識の啓発で回避 ・改善に特効薬はなく、根強い対応が必須
建物や設備へのクレーム	●水漏れやトイレの詰まり ●ガスがつかない ●お湯が出ない ●電気がつかない ●インターフォンが鳴らない ●警報器の誤動作 など	対応策	・緊急性の高いものが多いので、即時対応が必須 ・24時間365日の対応が求められる

とくに設備故障によって入居者に不便をかけてしまう場合、至急対応できないと損害補償などの新たなクレームにつながるおそれがあるだけでなく、下手をすると入居者が退去してしまう可能性もあります。加えて水漏れなどは建物の資産価値の下落にもつながります。

◎管理会社に任せるのが賢明

これらの賃貸管理を個人で行うのは、かなりハードルが高いといえます。近隣に住んでいるなら、ちょっとした清掃ぐらいなら貸主が自分でやるのも可能かもしれませんが、家賃の回収からクレーム処理までとなると素人の手には負えません。遠方に住んでいるのなら、なおさらです。

そこで考えたいのは管理会社に賃貸管理を任せることです。入居者募集の仲介をしてもらうときに、不動産業者に賃貸管理も任せられるかどうかを確認してみましょう。

多くの不動産業者が仲介した賃貸物件の管理業務

24時間対応緊急サービスの種類

<table>
<tr><th>負担先</th><th>コールセンター</th><th>緊急対応</th><th>問題</th></tr>
<tr><td rowspan="3">貸主負担のサービス</td><td>外注</td><td>外注</td><td>小規模の仲介業者が管理を行っている場合に多い。伝言ゲームのように連絡が伝わるため、状況の把握に時間がかかり、即対応が難しい</td></tr>
<tr><td colspan="2">どちらかを外注</td><td>規模が小さめの管理会社に多い。当番の社員が持ち回りで転送携帯電話を持って帰ったり、飲酒禁止で出動に備えたりして、自宅待機で対応しているケースも</td></tr>
<tr><td>自社</td><td>自社</td><td>もっともスムーズな対応が可能。ある程度の規模の会社なら、当直室に技術系の社員が詰めており、即対応が可能になる。</td></tr>
<tr><td>借主負担のサービス</td><td colspan="3">賃貸契約時に入居者が任意で加入できるサービスとして提供。鍵の紛失やトイレを詰まらせたなどの、おもに入居者に過失があるトラブルに対応。建物に瑕疵がある場合のトラブルをカバーするものではない</td></tr>
</table>

も併せて行っていますし、とくに地元の業者なら、近隣の工務店や水道・電気工事などの業者ともつながりがあるため、万が一のときにも入居者からの連絡にすぐに対応してもらえます。

また、管理業務を行っていない不動産業者の場合は、賃貸管理を専門に行っている管理会社を紹介してくれます。

管理会社にもいろいろありますが、ある程度の規模の管理会社なら、自社でコールセンターを構えて24時間365日対応が可能です。このような会社と契約しておけば、入居者に対しても「いざというときの安心感」を提供でき、入居の後押しにもなるでしょう。

管理会社にもよりますが、賃貸管理にかかる手数料は家賃のおおよそ5%程度が相場。必要経費と割り切って、見積もっておいたほうが無難です。

管理業務の委託契約をするときには、緊急対応に関してはどこまでやってくれるのか、コールセンターなどの対応力も確認しましょう。

滞納リスク回避のために保証会社を利用する

◎家賃滞納は保証会社を利用

家屋を賃貸に出すには、家賃収入を得る、部屋の傷みを回避するといったメリットだけではなく、当然リスクも伴います。

発生確率が高いのは「家賃滞納」のリスクです。滞納があると、その間の物件の維持管理にもコストがかかっているぶんだけマイナスになってしまいます。しかし、住宅の賃貸契約の場合、生活の拠点になるために**家賃が支払えなかったからといって即退去が認められにくい**のが実態です。

もし、話し合いで滞納家賃の支払いや退去の合意ができなかった場合、裁判所に訴えて判決を受けなければなりません。しかし、仮に家賃滞納が原因で退去を求めようとすると、約3カ月分の家賃未払いが生じたケースなど、損害が大きくなってからでないと認められません。

そんな家賃滞納のリスクヘッジに使えるのが、**家賃保証会社**です。家賃保証会社は入居者から保証料をもらって、連帯保証人の代わりを務めます。そして入居者が家賃を滞納したときは、貸主が所定の手続きを行うと、滞納した家賃を入居者に代わって保証会社が振り込む「代位弁済」が行われます。

立て替えた家賃は、保証会社が入居者に督促を行うので、**貸主は滞納家賃の督促という煩わしい業務を担う必要はなくなります。**

家賃保証会社の業務

入居者の信用調査	●借主と賃貸借契約を結ぶ前に保証会社による審査が行われる ●会社によって審査基準は異なる	
滞納家賃の弁済	代位弁済	借主が滞納した家賃を保証会社が立て替えたのち、保証会社が借主に請求を行う
	収納代行	家賃の集金段階から保証会社に委託する
督促業務	入居者に対して滞納分の家賃の督促を行う	
各種費用の負担	●回収の見込みがつかない入居者に対する明け渡しの訴訟費用は保証料に含まれていることが多い ●退去後の残留物の撤去、原状回復の費用などはオプション契約になることも ●近年では高齢者の入居に備え、孤独死に対応した保証商品も出はじめている（空室保証など）	

POINT　建物の適切な保守管理は、物件の資産価値を落とさないだけでなく、優良物件として長期入居にもつながる

◎入居者に負担になるぶんはメリットも

ただし、入居者にとっては当初の保証料が負担になる可能性も少なくありません。保証料は会社によって異なりますが、契約時に1カ月の家賃の50～100％、また1年ごとに更新料として1万円程度がかかります。ただでさえ出費がかさむ時期に……というのが借主の本音でしょう。

とくに連帯保証人がいる場合はなおさらです。連帯保証人には催告の抗弁権がなく、滞納が発生した瞬間から、貸主は連帯保証人に対して滞納家賃の請求を行うことができます。保証人をつけているのに、さらに保証料を払うのはおかしいという借主がいるかもしれません。

そのため、貸主の手間の削減やリスクが削減できるぶんは、敷金や礼金を減らしたり、初月家賃を無料にするフリーレント期間を設けるなど、借主にメリットのある条件をつける工夫をしているケースもあります。

11 賃貸に出すならぜひ入っておくべき保険とは？

◎基本の火災保険に地震保険をプラス

近年は地震や台風などに加えて、局地的な大雨による水害など、全国的に数多くの自然災害が発生し、家屋に甚大な被害を与えています。

そこで賃貸住宅の貸主として、いくつか入っておきたい保険があります。もっとも基本になるのが、火災保険です。**火災保険は「住宅火災保険」と「住宅総合保険」の2つに大別**することができます。

住宅火災保険は、次ページの図表の①と②による損害を補償する保険、住宅総合保険はそれに加えて水漏れや盗難などによる損害も補償する保険です。

住宅火災保険のほうが保証対象を絞り込んだぶん、保険料は割安になっています。

川のそばにある、交通量の多い道路沿いにあるなど、物件の立地によっても補償が必要な内容は異なりますし、また築年数によっても変わってきます。所有する物件にとって、どんな補償が必要かをよく考えてプランを選びましょう。

また、阪神・淡路大震災や東日本大震災を経て注目が集まっている**「地震保険」**は、ぜひ入っておきたい保険です。地震保険に入っていれば、地震や火山の噴火による被害に加えて、地震による津波被害も補償の対象になります。

誤解されやすいのは、**地震保険は単体では入れない**ということです。火災保険のオプションとして付

賃貸で入っておきたい保険

保険の種類			補償内容
火災保険	住宅総合保険	住宅火災保険	①火災、落雷、ガスなどの破裂・爆発
			②風災・雹（ひょう）災・雪災
			③漏水などによる水濡れ
			④盗難
			⑤台風や集中豪雨などによる水災
			⑥建物外部からの物体（自動車など）の飛来・落下・衝突
			⑦騒じょうなどによる暴行・破壊
	地震保険		地震や火山の噴火、これらを原因とする津波による損害
施設賠償責任保険			建物、施設の欠陥、不備による事故により第三者が損害を被った場合

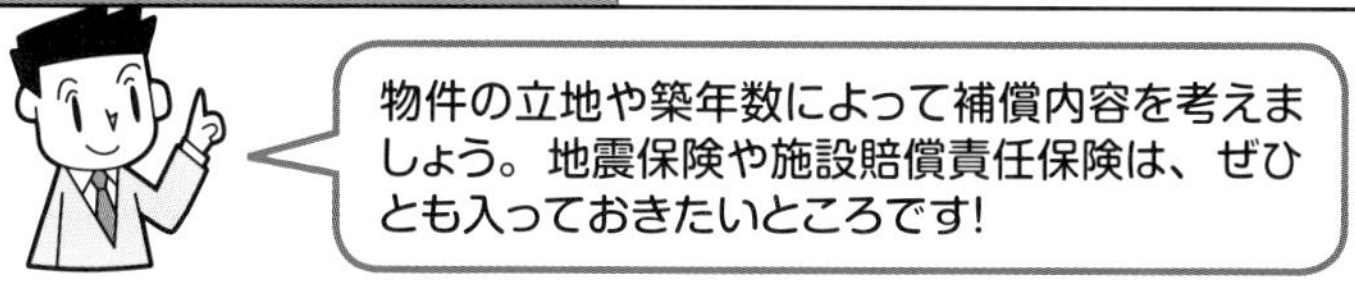
物件の立地や築年数によって補償内容を考えましょう。地震保険や施設賠償責任保険は、ぜひとも入っておきたいところです!

加できる保険であることを覚えておきましょう。

◎不慮の事故に備える「施設賠償責任保険」

あまり聞きなれないかもしれませんが、賃貸物件を所有するなら、必ず入っておきたいのが**「施設賠償責任保険」**です。

これは所有している施設で不慮の事故が発生したとき、法律上の損害賠償金や事故発生時の応急手当などの費用のほか、裁判になったときの弁護士費用などを補償してくれる保険です。

たとえば、「ブロック塀が老朽化によって崩れ、通行人にケガをさせてしまった」「壁のタイルが剥落して、隣家の車を傷つけた」など、古い家ならなおさらさまざまなケースが考えられます。

レアケースと思うかもしれませんが、もし人身事故で後遺症が残ってしまった場合などは損害賠償の金額も高額になります。

施設賠償責任保険は、比較的保険料も割安になっているので、ぜひ加入を検討しましょう。

親族や知人に貸す場合もきちんと契約書を交わすことが大事

◎あいまいな口約束はトラブルの元

実家の空き家を賃貸に出そうと思っていたら、親族から「空いているのなら、借りたい」と申し出がありました。これは、よくある話です。赤の他人に貸すよりも、親族や友人など知っている人に貸したほうが安心と考える貸主も少なくありません。

それでは、親しい間柄の人に空き家を貸す場合には、どんなことに注意すればよいのでしょうか。ここでは、おもに契約面でのポイントをご紹介しましょう。

信頼している人だから、親戚だからと、安易に家を貸すのはトラブルの元です。相手が親しい間柄だったとしても、契約は契約。あいまいな口約束は後々トラブルに発展する可能性がありますから、万が一に備えてきちんとした**「賃貸借契約書」**を交わすことが大切です。

賃貸借契約書には、最低限、次ページの図表にある項目を明記します。作成するときは、国土交通省のホームページから「賃貸住宅標準契約書」のひな型を無料ダウンロードして、たたき台にするとよいでしょう。

注意したいのは、自分で作成した契約書は、法的な文言が抜けている場合もあることです。そのため、たとえば借主とトラブルが起こり、裁判などになったときに効力が疑われてしまうこともあります。

賃貸借契約書に明記する主要項目

①契約期間

②家賃の額・支払方法と期限

③共益費・敷金の有無と金額

④禁止事項（許可なく模様替えや改築、又貸しを行うなど）

⑤契約解除の要件（目的外の使用、家賃滞納、トラブル発生時など）

⑥退去の際の原状回復義務とその範囲

⑦連帯保証人の有無

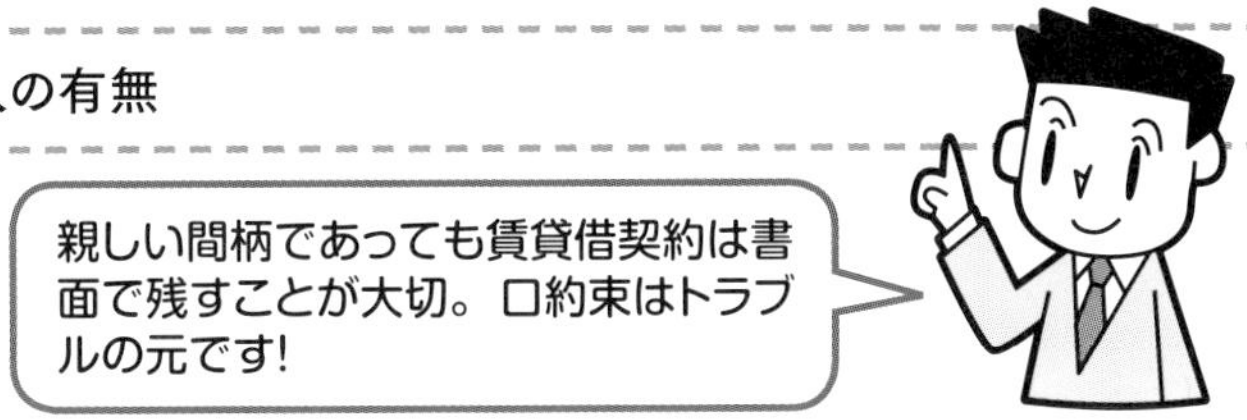
親しい間柄であっても賃貸借契約は書面で残すことが大切。口約束はトラブルの元です!

可能であれば、事前に弁護士に見てもらい、間違いや不備がないか確認してもらってから契約書を交わしたほうがトラブル防止になります。

また、火災保険なども通常の賃貸契約と同様に、必ず貸主とともに借主にも加入してもらいましょう。

◎マンションを貸し出す際は要注意！

なお、分譲マンションの1室を賃貸に出す場合には、管理組合の**「管理規約」**を確認しましょう。区分所有者に代わって第三者が居住する際には届出を求めている場合があります。

注意したいのは不動産業者に賃貸の仲介を依頼していながら、貸主が親族や知人と直接賃貸契約を結んでしまうケースです。

これは81ページの図表にもありますが、専属専任の媒介の場合、契約を結んだ不動産業者を通さずに賃貸契約を結ぶと違約金を取られてしまいます。あらかじめ業者とどのような媒介契約を結んでいるかを確認しましょう。

短期間の運用なら「仮住まい用」に貸す方法もあり！

◎空き家を生かせる短期賃貸のニーズ

短期間だけ家を貸したい。そんな希望を持つ人もいるでしょう。

たとえば、「自分が住むなら定年後。それまでの3年間だけ家を貸したい」とか、「1年後に売却を予定している」といったケースです。

このような場合、「業者に貸す」という選択肢もあります。というのも**家の建て直しやリフォーム中の仮住まい**として、短期的な賃貸にするといった需要があるからです。

通常の賃貸借の場合、大体2年ごとに契約を更新するのが一般的ですが、「借地借家法」によって借主は保護されていますから、2年経過して契約が切れたからといって貸主の一方的な都合で退去を迫ることはできません。

ところが、仮住まい用に家を貸す場合、**「一時使用賃貸借」として借地借家法の適用を受けずに済む**のです。

多くの不動産業者で「仮住まい用の物件」を扱っていますし、なかには仮住まい用の物件の斡旋を専門に行っている業者もあります。

これらの業者の多くは建築会社から依頼を受けて住宅を仲介している場合が多く、顧客獲得のために建て替えやリフォームの請負契約書の写しなどで退去時期を確認しているケースもあります。あらかじ

短期賃貸のニーズに応える「一時使用賃貸借」

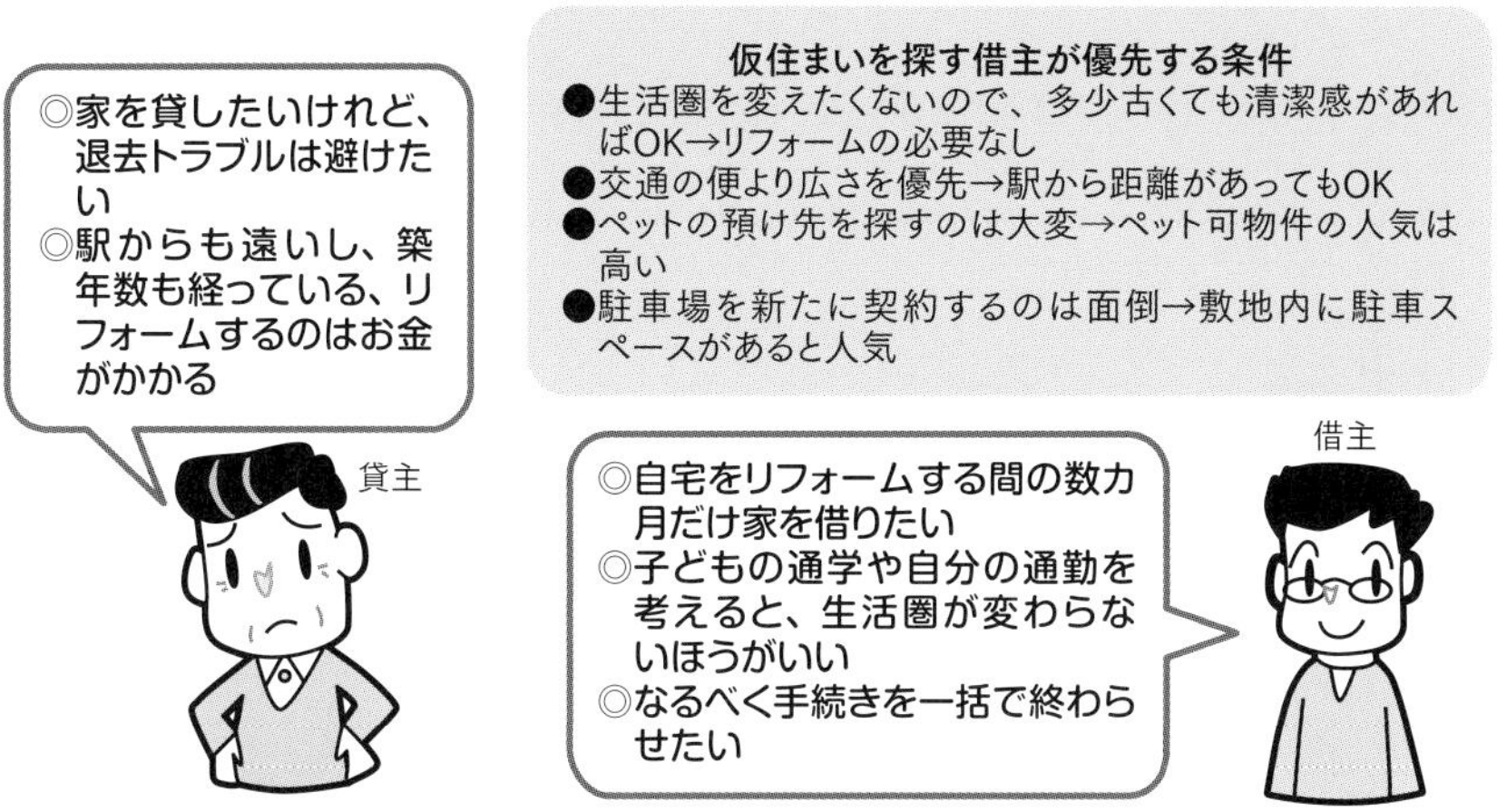
仮住まいを探す借主が優先する条件
●生活圏を変えたくないので、多少古くても清潔感があればOK→リフォームの必要なし
●交通の便より広さを優先→駅から距離があってもOK
●ペットの預け先を探すのは大変→ペット可物件の人気は高い
●駐車場を新たに契約するのは面倒→敷地内に駐車スペースがあると人気
◎家を貸したいけれど、退去トラブルは避けたい
◎駅からも遠いし、築年数も経っている、リフォームするのはお金がかかる
貸主
借主
◎自宅をリフォームする間の数カ月だけ家を借りたい
◎子どもの通学や自分の通勤を考えると、生活圏が変わらないほうがいい
◎なるべく手続きを一括で終わらせたい

POINT
- 一時使用賃貸借なら退去トラブルは避けられる
- 短期間（2〜3カ月）から貸せるのもメリット

めだいたいの退去日が決まっているので立ち退きトラブルの心配もありません。

この一時使用賃貸借の**居住期間は数カ月〜半年、長くても1年程度**です。業者によっても違いますが、最短で3カ月程度の賃貸期間から入居希望者を斡旋してくれるところもあります。

入居者が退去するたびに、貸主に継続して賃貸に出すかどうかの希望を確認してくれるので、自分の貸したい期間だけ貸すことができるのです。

◎通常の賃貸と異なる人気条件

仮住まい用としての賃貸のため、一般の賃貸のように駅までの距離などの立地条件にそれほど左右されないというのもポイントになります。

家の状態にもよりますが、通常は大規模なリフォームをする必要はなく、多少築年数が経っていてもハウスクリーニング程度で済み、清潔感があればOKというところが少なくありません。貸主、借主の双方にとってメリットのある賃貸借契約といえます。

賃貸で得た所得の節税はきちんと必要経費を計上することから

◎賃貸で得た所得には税金がかかる

賃貸に出して得られた家賃収入は、**不動産所得として所得税の対象**になります。家賃だけでなく、契約更新時の更新料なども課税対象になるので注意してください。

会社員などの給与所得者の多くは、年末に会社側で年末調整をしてもらっていると思いますが、給与所得に加えて不動産所得もある人は、翌年に自分で確定申告をしなければなりません。

ただし、次の要件に当てはまる人は確定申告の必要がありません。

①給与所得が2000万円以下

②家賃収入が20万円以下

この場合の家賃収入は、実際の収入から**必要経費**を差し引いた金額になります。必要経費とは家賃収入を得るためにかかった費用のこと。たとえば、不動産会社に入居者募集を依頼したときにかかった広告宣伝費や、物件の維持管理に必要な修繕費、管理手数料なども含まれます。

さらに、火災保険や施設賠償責任保険などの損害保険料も必要経費として認められており、所得から控除することができます。

「減価償却費」は物の価値が年々下落していくことを考慮して経費として計上するもので、建物の耐用年数はその構造によって違います。木造の場合は22

不動産収入と必要経費

〈不動産収入に含まれるもの〉
①家賃
②礼金、権利金、更新料（その年の収入に計上）
③保証金、敷金（入居者が退去した年に確定した収入に計上）
④共益費、敷地内の駐車場代

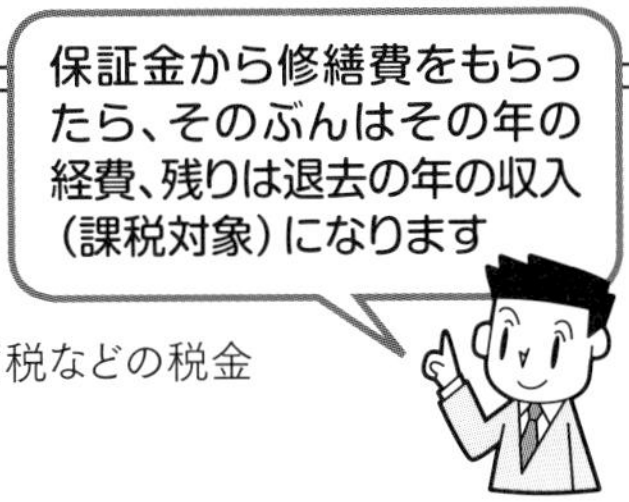
保証金から修繕費をもらったら、そのぶんはその年の経費、残りは退去の年の収入（課税対象）になります

〈必要経費として認められるもの〉
①入居者募集に伴う広告宣伝費
②減価償却費
③貸主が負担する物件の水道光熱費
④土地や建物にかかる固定資産税や都市計画税などの税金
⑤修繕費など
⑥損害保険料（該当年度分）
⑦不動産の管理を依頼したときに支払う管理手数料やマンションの管理組合へ支払う管理費
⑧税理士や弁護士への報酬（不動産賃貸に関係するもの）
⑨収入印紙代
⑩通信費（不動産会社や入居者との間に発生するもの）
⑪その他の経費

年、鉄筋コンクリート造の場合は47年と法律で定められています。

たとえば、築30年を超えた木造住宅であれば、減価償却費はすでにゼロ、つまり資産価値も法律上はゼロになります。

ただし、資産価値がゼロとされたからといって住めなくなってしまうわけではありません。適切なメンテナンスで家屋の寿命を延ばすことは可能ですし、建築技術の向上により実際の木造家屋の寿命は平均して65年前後と算定する専門家もいます。法改正の動きもあるので、注目しておくとよいでしょう。

いずれにしても**必要経費**をしっかりと計上し、**不動産所得を圧縮**することが節税対策になります。会社勤めの人にとって、領収書の保管や整理は慣れない作業かもしれませんが、初年度に修繕費用がかかって収益がマイナスになった場合は還付金を受けられる場合もあります。

「確定申告＝税金を取られる」と思わずに、税理士もしくは最寄りの税務署に相談してみましょう。

column 3

一度「賃貸」に出すと、将来の「売却」は厳しい

「賃貸に出せば空き家管理になるし、副収入も得られるのでは?」「売らずに賃貸にしたほうが、長期的には儲かるのでは?」と考える人もいるでしょう。このように今のところ家は売りたくないという希望があれば、賃貸に出すことは選択肢の一つといえます。

しかし、将来は売却する可能性があるかもしれない場合、あまりおすすめできません。なぜなら、もし一度でも賃貸物件にすると、いざ売ろうというときにその物件は、「一般住宅」ではなく、「収益物件」として扱われるからです。そして、この収益物件は、一般住宅に比べて売却するときの価格が低くなる傾向にあります。

一般住宅が不動産価値で価格が決まるのとは異なり、収益物件は投資対象として毎年の利回りなどから価格が算出されるからです。つまり、一般住宅として売ったときよりも、査定額が低くなるケースがほとんどなのです。そのため、短期間だけ賃貸にしてその後すぐに売ると、賃料が発生していても損をするリスクが高くなります。

同時に、空き家を賃貸に出す場合、貸しやすい物件と貸しにくい物件があるということも考えなければいけません。たとえば、ファミリータイプ一戸建ては面積が広くなるため、それなりに賃料も高くなります。立地にもよりますが、月20万～30万円の家賃を払って生活できるファミリー世帯は、そう多くはありません。多くの場合、「買ったほうが安い」という判断が働き、借りる人のニーズが少なくなります。

古い空き家であっても自分で使うのであれば購入する人はいます。一戸建ての場合は解体して新築することもできるからです。他人に貸していないほうが、購入希望者は多く現れやすく、比較的高い価格に設定できます。その反対に、賃貸に出すと、結果的には売却価格を下げることになりかねません。

もし、近い将来に売却する計画があるのなら、下手に賃貸に手を出さないほうがお得といえます。人に貸している状態だと価格が下がるということを知っておきましょう。

第4章

「リフォーム」「建て替え」で快適に暮らす

「リフォーム」「改築」「改修」「建て替え」の違いとは？

◎自宅や趣味の空間としても活用できる

空き家というと、「始末するもの」というイメージが先に立ち、売却や賃貸に出すことがまず頭に浮かぶかもしれません。

しかし、言うまでもなく、空き家には**「自分が使う」という選択肢**もあります。もしあなたが、

「実家やその土地に思い入れがある」
「兄弟が集まれる場所を残しておきたい」
「週末だけ田舎暮らしをしてみたい」
「趣味が楽しめるスペースを持ちたい」

といったことを考えているのであれば、**建て替えて自宅として住んだり、リフォームしてセカンドハウスとして活用**したりすることも検討してみる価値は大いにあります。

そして、リフォームや建て替えをしておけば、**資産価値も上がります**。将来、子どもが独立して夫婦2人の住宅に住み替える際にも、家を売却したり、賃貸に出したりしやすくなるというメリットもあるのです。「自分が使う」ことも視野に入れてさまざまな可能性を検討し、自分や家族にとってどの選択がベストか考えてみてください。

◎各用語の正しい定義を知ろう

実際に空き家を使える状態にしようと思うと、当然ながらリフォームや建て替えを検討することにな

趣味と実益を兼ねた楽しみ方も

実家近くの農園を借りて、
野菜づくりを
楽しんでいます!
趣味の陶芸を
やるのにピッタリな
家になりました!

ります。ところが、情報収集しようと、新聞の折り込みチラシや住宅会社のサイトをチェックしたり、リフォーム会社や住宅展示場を訪れたりしていると、一つの壁にぶち当たります。

それが、**「リフォーム」「改築」「建て替え」**といった、似たような言葉の数々です。「リフォーム」と「改築」はどこが違うのか、さらに「改修」は？ **「リノベーション」**は？ と考えて挙げていくときりがなく、「もうお手上げ……」とさじを投げたくなってしまうかもしれません。

こうした混乱は、リフォーム会社や住宅会社ごとに、使われている言葉がまちまちで統一されていないことからきています。

しかし、「リフォーム」「改修」には法律的な縛りがないのに対し、**「改築」「増築」は建築基準法で定義が明確に決められています。**

そのあたりが混同して扱われることが多いので、気をつけましょう。ここでしっかり区別して覚えておきたいところです。

◎幅広い範囲を内包する「リフォーム」

「リフォーム」は、既存の家の基礎部分や梁、柱といった構造部分には変更を加えず、内装や外装、設備面などを新しくして、新築同様の状態に戻すことを指します。水回りや外壁、屋根などの部分リフォームから、耐震補強や間取り変更といった大規模リフォームまで、幅広い範囲をカバーしているのが特徴です。

「改修」はリフォームとほぼ同義で、設備交換や傷んでいる部分の補修などを指す言葉です。

では、最近人気となっている「リノベーション」は、どうでしょうか。これはリフォームの進化版といえるものです。

たとえば、趣味のシアタールームを設けたり、子どもが巣立ったあと、夫婦2人暮らしに合うように3LDKを2LDKに変更したりと、既存の家を住む人の好みやライフスタイルなどに応じてつくり替え、新たな価値を生み出す改修のことをいいます。

◎建築基準法では「改築」=「建て替え」

一方、建築基準法が定める「改築」とは、一般的な建築物の建て替え、つまり古い家を壊して、新しい家を建てることを意味します。つまり、一般的にいう**建て替え=改築**なのです。

新たに建物を建て替えるとなると、「新築」と呼んでもいいように感じますが、建築基準法でいう**「新築」は建築物がない敷地に建築物を建てること**を指します。ただし、建て替えの場合でも、規模や構造が既存の家とは大きく変わる場合は「新築」ということになります。

なお、「増築」は既存の家の床面積を大きくすることです。平屋の家を2階建てにしたり、敷地内に離れをつくったりすることをいいます。

「改築」「増築」は、**建築基準法のほかにも地域の条例など、さまざまな法令制限を受けることがある**ため、言葉の意味を正確に理解してから、慎重に検討しましょう。

用語の意味を正確に知ろう

建築基準法の規定なし	リフォーム（改修）	既存の家の基礎や構造には手を加えず、内装や外装、設備面などを新築同様の状態に戻すこと
	リノベーション	既存の家を住み手の好みやライフスタイルなどに応じてつくり替え、「新たな価値」を生み出す点がリフォームとは異なる
建築基準法の規定あり	新築	何もない敷地に新たに家を建てる、もしくは既存の家とは規模や構造が大きく異なる家を建てること
	改築（建て替え）	既存の家を壊して、規模や構造が大きく変わらない新しい家を建てること
	増築	既存の家の床面積を大きくすること

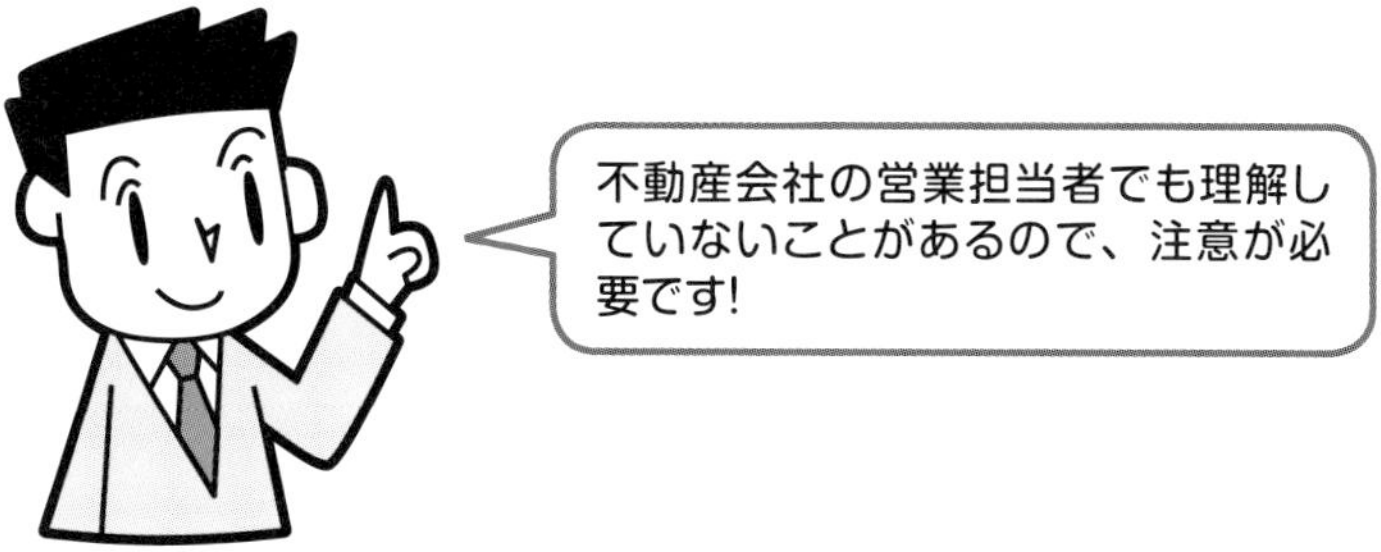
不動産会社の営業担当者でも理解していないことがあるので、注意が必要です!

「リフォーム」と「建て替え」のメリット・デメリットは？

◎「コスパ」「工期」ならリフォーム

空き家を住めるようにする方法を検討する際、できれば低コストなリフォームで済ませたいけれど、地震も心配だから基礎から工事ができる建て替えを選んだほうがいいのか、判断しづらいところです。

リフォームのメリットは、比較的工期が短く、長くても2カ月程度であること。そして、住みながら工事ができるため、仮住まいや解体の費用がかからず、コストが抑えられるという点が挙げられます。

家の広さや設備のグレードによって前後しますが、一般的には水回りの設備交換や壁紙の張り替え、屋根や外壁の塗り直しなど、見た目を新しくする**フルリフォームなら500万円〜**、内外装をすべて解体し、間取りを変更する**スケルトンリフォームなら1000万円前後〜**が相場です。一定の基準を満たしている**耐震リフォームやバリアフリーリフォームなら、固定資産税の軽減措置や税額控除が受けられ**るのもメリットの一つです。

デメリットとしては、家の劣化が激しかったり、基礎に難があったりする場合には、建て替えとさほど変わらない、あるいはそれ以上の費用が発生することが挙げられます。

また、スケルトンリフォームをするにせよ、柱や梁などの構造を変えるのは難しいため、間取り変更などの自由度は建て替えと比べるとどうしても低く

「リフォーム」と「建て替え」のメリット・デメリットを比較！

工事方法	メリット	デメリット
リフォーム	□工期が短い（1～2カ月が目安） □建て替えより費用が抑えられる（1,000万円前後が目安） □税金の優遇・軽減措置がある	□空き家の状態次第では、建て替えより割高になることも □建て替えより間取りの自由度は低い
建て替え	□リフォームより有利な条件でローンを借りやすい □間取りや設備などの自由度が高い	□工期が長い（4～6カ月が目安） □費用がかさみやすい（1,000万～4,000万円が目安） □解体費用や仮住まいの費用、不動産取得税などがかかる □建て替えができない建物もある

なります。

◎安心を選ぶなら「建て替え」

一方、建て替えのメリットは、間取りや設備などの自由度が高いこと。**リフォームよりローンが組みやすい場合が多い**ことです。建て替えでは、新築と同様、低金利の住宅ローンを組むことができます。

建て替え費用の目安は、一般的な住宅で坪単価50万円から80万円台。たとえば、30坪（約100㎡）で坪単価60万円であれば、1800万円ということになります。このほかに、外構工事（庭や門扉など）、場合によっては、照明器具、カーテン、空調設備の費用も必要になってきます。

デメリットは、工期が約4～6カ月と長く、解体費や仮住まいの費用、不動産取得税などが発生し、コストが割高になりやすいことです。

なお、建築基準法の基準を満たしていない**「再建築不可物件」**である場合には、建て替えそのものができないので注意が必要です。

3 空き家をどうするか悩んだら まずは「住宅診断」を受けてみよう

◎家の寿命は専門家でないとわからない

一般に、家を建て替える目安は、「築30年以上」といわれています。ただし、きちんとメンテナンスしてきた家であれば、古い家でもリフォームで対処できる場合もありますし、反対に大きな地震などに見舞われてきた家であれば、見た目はきれいで築30年に満たなくても、構造にガタがきていて建て替えたほうがいい場合もあります。

つまり、「実際、どの程度家が傷んでいるのか」「この家があと何年持つか」は見た目だけではなかなか見極めがつかないものなのです。

そのため、「リフォーム」か「建て替え」かで悩んだときは、まず**住宅診断（ホーム・インスペクション）**を受けることをおすすめします。

住宅診断とは、建築の専門家が、第三者的な立場から住宅の劣化具合や欠陥の有無、リフォームの費用などについて、客観的に診断してくれるサービスのことです。住宅流通の9割が中古住宅であるアメリカでは、その取引の7割以上で住宅診断が実施されているともいわれています。

空き家問題が浮上している日本でも、中古住宅を安心して取引できるよう、国土交通省が旗振り役となって取り組みを推し進めているところです。

本来は、中古住宅や空き家の売買を考えている人向けの取り組みですが、空き家を直して自分で住も

「住宅診断」を利用するには？

依頼先は？

NPO法人「日本ホームインスペクターズ協会」のHP（www.jshi.org/）では、独自の認定試験に合格した住宅診断士を検索できる。自社で住宅診断の制度を設けている建築士事務所などにアプローチする手もある

費用は？

料金は住宅診断士や会社によってまちまち。サービスの一環として無料で行っている会社もあるが、目視や触診による診断の場合、相場は5万～6万円前後

耐震診断とは違うの？

耐震診断は、地震の揺れに対する耐力を計測するもの。相場は一般的な構造の木造住宅で20万～50万円。一部の自治体では、1981年6月以前の旧耐震基準で建てられた木造住宅を対象に、無料の耐震診断や耐震リフォームへの補助金交付を行っているので、問い合わせてみよう

誰が診断するの？

各会社や団体がそれぞれ設けた独自の基準をパスした人が診断を行う。日本ホームインスペクターズ協会では独自の資格制度を設けており、合格には公正な診断を行うための倫理観、建築や住宅診断方法などにおける知識を有することが求められる

う考えている人にとっても有益な取り組みであることは言うまでもありません。

◎住宅診断を受けるときの注意点

実際に住宅診断を実施するときの依頼先や費用の目安については、上の図表にまとめたので参考にしてください。ただ、残念ながら、はじまったばかりの制度なので、診断費用や検査項目は会社や住宅診断士によって異なり、統一基準が設けられていないのが現状です。

注意したいのは、リフォーム会社や不動産会社が、診断を無料で行っているケースです。適正に診断を行っている会社がある一方で、リフォーム会社などのなかには、本当は建て替えが妥当な物件を、診断基準を緩くすることによって自社でリフォームするよう誘導するようなケースもあります。

どんな検査を行うのか事前に確認したり、利害関係のない第三者的な立場で診断してもらえる住宅診断士を選んだりすることを心がけましょう。

「リフォーム」では「建て替え」以上にお金がかかる場合もある

◎リフォームは追加費用に注意

前述したとおり、費用面でのコストパフォーマンスの高さがリフォームの魅力ですが、空き家の傷み具合によっては、建て替え以上に費用がかさんでしまうケースもあります。

基礎や土台にひびや割れが生じていたり、白アリ被害などで傷んでいると、屋根や壁などを撤去して建物自体をジャッキアップして補強するため、数百万円の出費になります。

床下部分や天井裏などは、実際に工事に着手してみないと傷みや腐食の度合いがわからないことから、追加費用が発生することも少なくありません。リフォーム会社などに見積もりを依頼するときは、傷みがひどく費用が最大限かかる場合の金額も計算してもらうことをおすすめします。

また、**１９８１年６月施行の新耐震基準**以前に建てられた、旧耐震基準時代の空き家であれば、新耐震基準に適合するよう耐震補強が必須です。日本木造住宅耐震補強事業者協同組合（木耐協）が行った調査によれば、旧耐震基準時代の建物の平均施工金額は約１７５万円と、全体の平均施工金額約１５２万円を上回る額となっています。

ただし、耐震補強を行う場合には、一定の条件を満たせば、助成金を支給する自治体も増えています。次ページで詳しく紹介するので、参考にしてみてく

築年数が古いほどリフォーム費用は高額に！

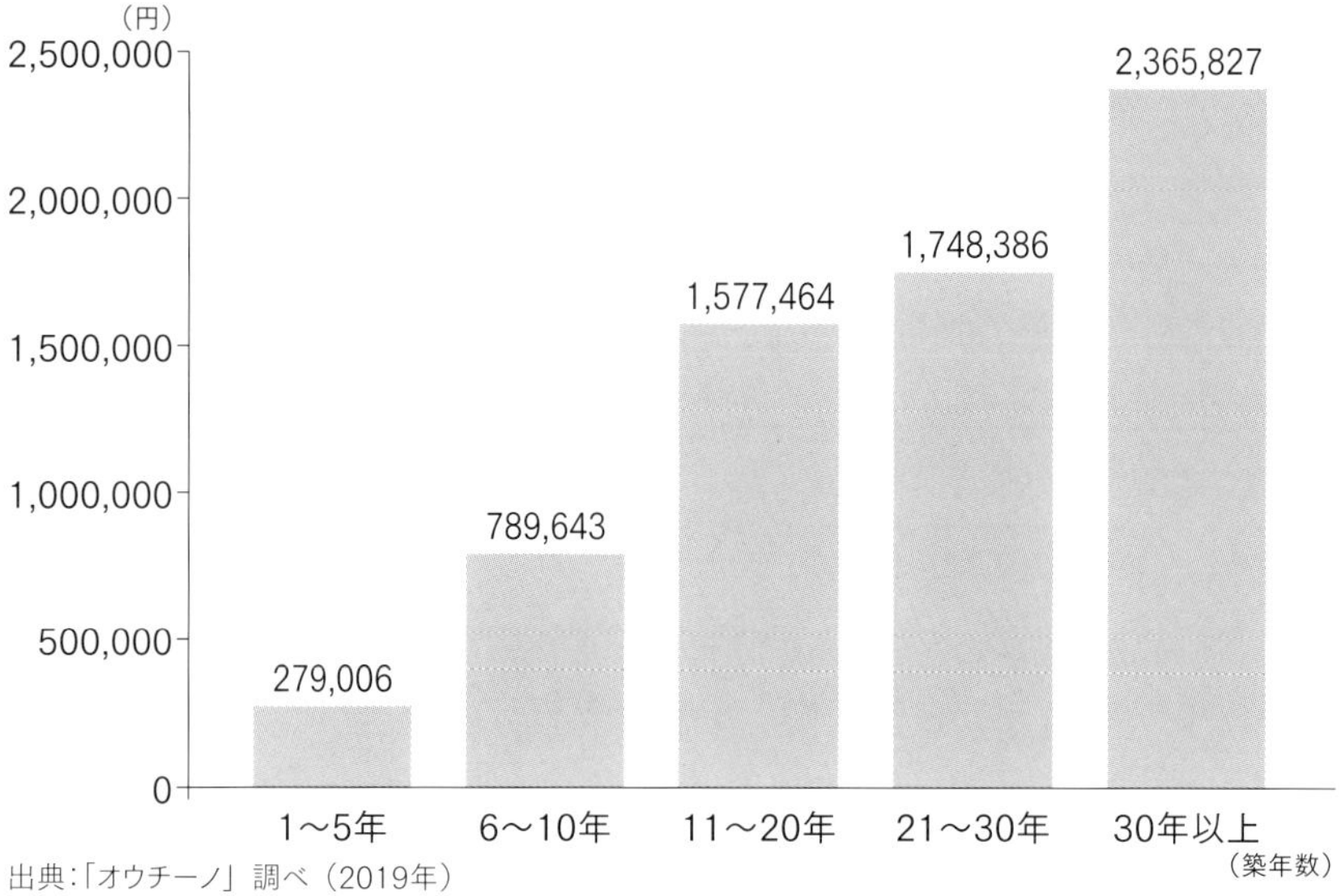

出典：「オウチーノ」調べ（2019年）

ださい。

築年数が古く、傷みの進んだ空き家ほど、リフォームと建て替えにかかる費用の差は小さくなります。そのため、**どこにお金をかけるか優先順位を決めておくこと**も大切です。

たとえば、「建物に愛着があるので、壊すのではなくリフォームしたい」ということを第一条件にするなら、建て替え以上に費用がかかることは二の次になるでしょう。「セカンドハウスだからコスパ重視でいい」と考えるなら、設備のグレードを下げるなどして出費を抑える手もあります。

住み心地のよさと費用面のバランスを重視するなら、「建て替えとリフォームにそれほど金額差がないのであれば、建て替えを選ぶ」というのもアリでしょう。

いずれにせよ、目先のコストパフォーマンスのよさだけにとらわれてリフォームを選択すると、予想外の出費になりかねません。優先順位を決めておくことが、後悔のない選択をするコツです。

「建て替え」では今と同じ広さの家が建つとは限らない

◎「再建築不可」の家を建て替えるには

築年数が古い空き家の場合、思い切って建て替えようと思っても、48ページでも紹介した建て替えのできない**「再建築不可物件」**だったり、建て替えは可能であるものの、今より敷地が狭くなる**「セットバック」**が必要なケースが多いので、注意が必要です。

建築基準法では、建物を建てるための敷地は、幅4メートル以上の道路に2メートル以上（自治体によっても異なる）の間口で接していなくてはいけないと定めています。これを**「接道義務」**といいます。

なぜ幅4メートルなのかといえば、車2台がギリギリすれ違うことができるからです。火災や地震などの際、消防車や救急車が通れるスペースを確保するために、最低でも4メートルは必要になります。

再建築不可物件は、建築基準法が施行された1950年以前、もしくは建築基準法の規制が今よりも緩やかだった時代に建てられた築40〜50年の古い物件によく見られます。

再建築不可物件を建て替え可能にするための方法が、「隣地の買取」と「セットバック」です。

隣地の買取は、奥まった場所にあり、間口が道路に2メートル以上接していない空き家の場合に有効な方法です。自分の空き家より道路側にある隣の土地を買い取って間口を2メートル以上に広げれば、

セットバックとは？

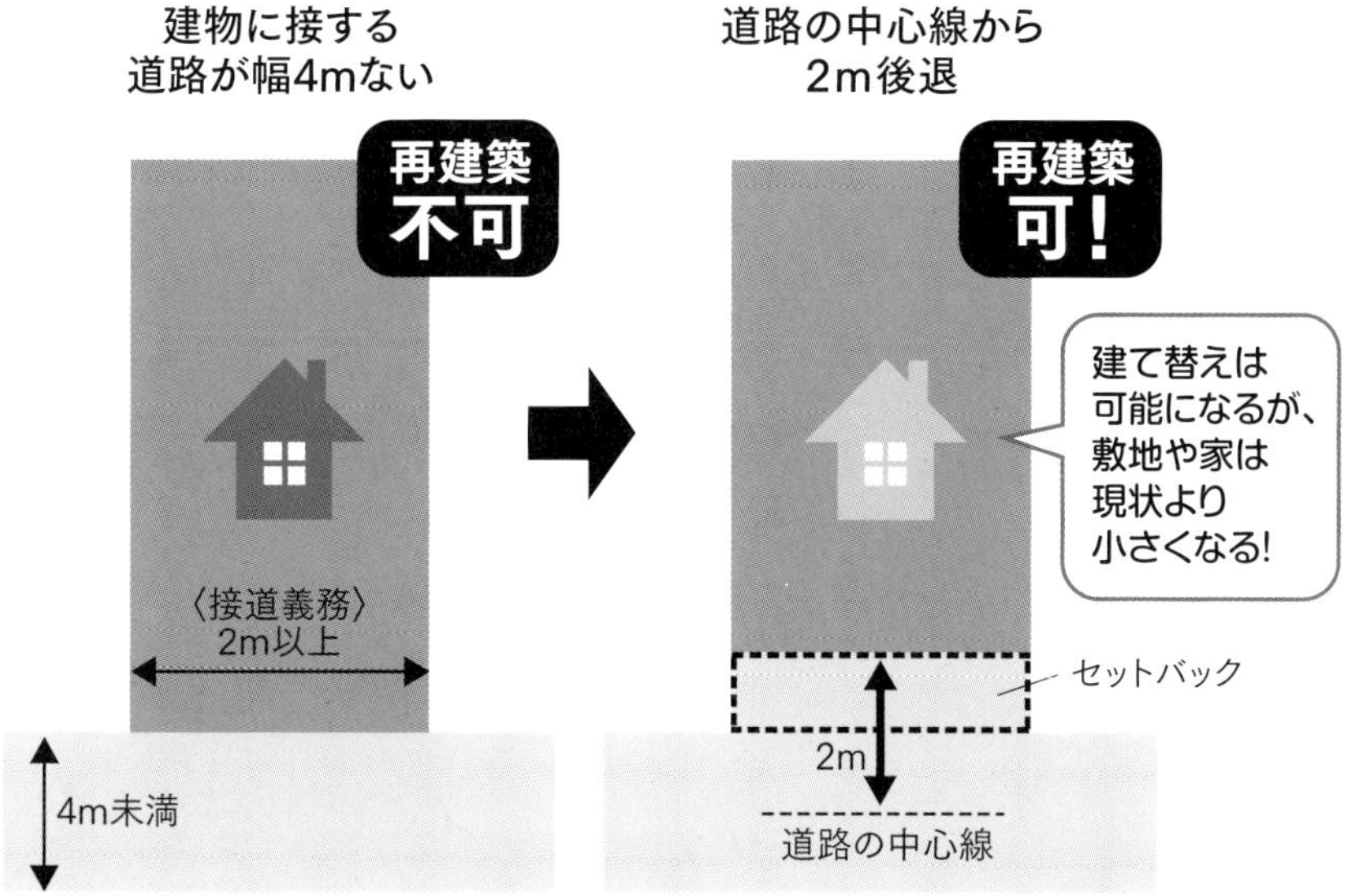

「接道義務」を果たせます。

あまり現実的ではないものの、隣地も空き家になっているなど状況が許せば、検討してみる価値はあるでしょう。

セットバックは、敷地に面している道路の幅が4メートル未満の場合に使われる方法です。上の図表のように、空き家が立っている敷地の境界線から下がったところから建築が可能になり、それだけ敷地が狭くなります。

そのため、ガレージが設置できなくなったり、部屋数が1部屋減ったりすることがあることを頭に入れておきましょう。

ほかにも、周囲の道路や建物の日当たりなどを確保するため、建物の高さや形態を制限する**「斜線制限」**と呼ばれる規制もあります。上部が斜めになっている住宅は、こうした規制に対応したものです。

建て替えの際には、高さやデザインが必ずしも思い描いたとおりにならないことも、覚えておきたいところです。

建て替え時に必要な解体費用はどれくらい？

◎目安は30坪の木造で１００万円以上

解体費用の目安は、木造住宅は坪単価3万～4万円前後、鉄骨造（S造）は坪5万～6万円が相場ですが、壊すのも運ぶのも時間と手間がかかる鉄筋コンクリート（RC造）は坪6万～8万円前後と倍増します。

ただし、この金額は一般的に**「建物本体」のみの解体費用**です。「アスベストの有無」「付帯工事の有無」「道路状況」など、建物の状況次第でさらに費用が上積みされます。

それぞれの解体工事の内容と費用、そして簡単な注意点を見てみましょう。

①アスベストの有無

人体に有害なアスベストを含む建材の使用は、２００６年に全面的に禁止されました。それ以前に建てられた空き家には、アスベストが使われている可能性があります。

アスベストの除去は専門の業者に依頼する必要があり、費用は外壁材などに使用されている場合は1㎡あたり２５００円前後、柱や天井に吹き付けられている場合には、1㎡あたり数万円程度が相場です。

解体業者には、アスベストが使われているかどうかの事前調査や発注者への説明を行う義務があるので、確認してみましょう。

②付帯工事の有無

解体業者の選び方

①他社に比べて低価格すぎないか?

解体業者探しには、インターネット検索や見積もり一括サイトが便利。ただし、ネットでの見積もり金額は、「廃材の処分費」や「付帯工事費」を価格に含めていないことが多いため、参考程度にすること。安すぎる業者は、近隣への挨拶や埃などが飛び散らないための養生などをしないことも

②建設リサイクル法の届出業者か?

延べ床面積80㎡以上の建築物の解体工事を行えるのは、建設リサイクル法(建設工事に係る資材の再資源化等に関する法律)の届出業者のみ。届出業者かどうかの確認は必須

③マニフェスト(産業廃棄物管理票)を作成してくれるか?

「マニフェスト」とは、解体によって生じた産業廃棄物の運搬や処理が適正に行われたか、最終処理までの過程を記録し、不法投棄などを防止するシステムのこと。マニフェストを作成し、解体工事完了後にコピーを受け取れるかどうか、事前に確認しておくこと。ひどい業者になるとマニフェストの存在を知らない場合も!

建物以外の庭木や庭石、ブロック塀、カーポート、池などの撤去は「付帯工事」と呼ばれ、カーポートなら1万円前後、庭木なら4万円前後の撤去費用がかかります。気をつけたいのは、室内に残した荷物や家具も付帯物として費用が上乗せされることです。専門のリサイクル業者などに依頼した場合とどちらがお得か、見積もりを取ることをおすすめします。

なお、布団や衣類、本などの家庭ごみは、解体業者が処理をすると産業廃棄物として扱われ、割高になります。自分で手配したほうがお得です。

③道路状況

周辺道路が狭いと重機が入ってきにくく、また運搬車が駐車できるスペースが近くにないと、人手や時間が余分にかかるので費用が割高になります。

これらを踏まえると、30坪の空き家では、坪3万5000円×30坪=105万円+αの費用がかかります。解体業者から見積もりを取り、検討してみましょう。**信頼できる解体業者の見つけ方**を上の図表にまとめたので参考にしてみてください。

「リフォーム」「解体」には税制優遇や補助金を活用しよう

◎お得な制度の活用で費用負担を軽減

空き家を「リフォーム」するメリットの一つに、耐震やバリアフリーなどの要件を満たしていれば、自治体の補助金交付や、国が行っている所得税の減税措置などが受けられるため、**費用負担が軽くなる**ということが挙げられます。

一方で、建て替え総額を押し上げる「解体」費用についても、空き家が社会問題化していることもあり、補助金の交付を行う自治体が増えています。

ただし、注意したいのは、こうした**制度を利用するには、さまざまな要件を満たす必要がある**ということです。たとえば、建て替えを前提とした解体は補助金交付の対象外となっている自治体もあるので、自分の住んでいる地域の自治体に詳細を問い合わせておきましょう。

また、リフォームの減税措置にはローンの借入れの有無にかかわらず適用される「投資型減税」、住宅ローンを組んでリフォームした場合に適用される「ローン型減税」「住宅ローン減税」があります。

このほかにも、固定資産税の軽減措置や、親や祖父母からのリフォームの資金援助を受ける場合の贈与税の非課税措置など、さまざまな制度があるため、「どの減税制度が利用できるのか」「いつまでに申請すればいいのか」をリフォーム会社に確認しておきましょう。

リフォームの減税制度の概要（居住開始日が2021年12月31日まで）

減税の種類		最大控除額	
投資型減税	耐震改修	**25**万円	耐震改修・バリアフリー・省エネ・同居対応併用、またはバリアフリー・同居対応・長期優良住宅化併用で **95**万円（太陽光発電設備設置工事を併せて行った場合は105万円）
	バリアフリー	**20**万円	
	省エネ	**25**万円（太陽光発電設備設置工事を併せて行った場合は35万円）	
	同居対応	**25**万円	
	長期優良住宅化	**50**万円（耐震改修と省エネ工事、耐久性向上改修工事を併せて行った場合）	
ローン型減税	バリアフリー	**62.5**万円	バリアフリー、省エネ、同居対応、長期優良住宅化併用OK **62.5**万円
	省エネ	**62.5**万円	
	同居対応	**62.5**万円	
	長期優良住宅化	**62.5**万円	
住宅ローン減税		**400**万円 ※耐震改修（投資型減税）とのみ併用OK	
固定資産税の減税額		**1/3〜2/3**を軽減（1年間。2020年3月31日まで工事完了）	
贈与税の非課税措置		資金援助を受けたら最大**1,200万円**まで非課税（省エネ、耐震性、バリアフリー性のいずれかをを満たす住宅の場合。それ以外は最大700万円）	

■リフォームの補助金制度

居住地の自治体に問い合わせるか、「住宅リフォーム推進協議会」のHP（www.j-reform.com）で検索できる

■解体の補助金制度

最大**50万円**（解体工事費が100万円以上の場合の補助額は50万円、解体工事費が100万円未満の場合の補助額は解体工事費の2分の1）
※神奈川県厚木市の場合。自治体によって異なるので、居住地の自治体に問い合わせを

※詳細な適用要件は自治体やリフォーム会社、税務署に確認をしてください

「リフォーム」や「建て替え」では住宅ローンが使えるとは限らない

◎最優先で検討したい機構のリフォーム融資

リフォームや建て替えが手持ちの資金ではまかないきれない場合、ローンを組むことになります。その場合、「金利の安い住宅ローンが使えるかどうか」が気になるところです。金利は、民間の金融機関の住宅ローンが平均0・4〜0・6％（変動金利）なのに対し、リフォームローンやセカンドハウスローン、親族居住用住宅ローンが2〜4％（同）となっており、返済額に大きな差が生まれるからです。

ここでは、親から相続した空き家をリフォームもしくは建て替えをして、「自分か親族が住む」「自分がセカンドハウスとして使う」ということを前提に考えていきましょう。

通常の住宅ローンと同程度の金利で融資が受けられるため、融資要件を満たせば最優先で利用を検討したいのが、リフォームにも建て替えにも使える、住宅金融支援機構の「リフォーム融資（耐震改修工事）」です。

自分や親族が住む家だけでなく、空き家やセカンドハウスにも利用できるのはもちろん、申込時の年齢が79歳未満で、規定の耐震改修工事を行えば、1000万円までを限度に金利0・38％（返済期間10年以下。2019年6月現在）と、民間の住宅ローンを下回る低金利となっています。

融資の要件に当てはまらない場合には、金利は高いものの融資条件は比較的緩い、民間金融機関の**「リフォームローン」**を利用することになります。

中古住宅を新たに買ってリフォームするなら住宅ローンが組めますし、住宅ローン返済中の今住んでいる自宅をリフォームするなら、リフォーム費用を含めて新たな住宅ローンに借り換えることが可能です。しかし、空き家のリフォームに関しては、選択肢は「リフォームローン」に限られます。

◎建て替えは低金利の「フラット35」に注目

一方、空き家の建て替えは、基本的に「新築」と扱いは同じです。そのため、「自分が住む」ことが前提なら、通常の住宅ローンが借りられます。

ただし、現在住んでいる自宅の住宅ローンをまだ返済中の場合には、事情が違ってきます。住宅ローンは、「自分が住む家を買うための資金を借りるもの」なので、原則として「1世帯につき住宅ローンは1本」と決められているからです。

例外となるのは、住宅ローンを返済中の現在の家を売却し、建て替えた空き家に住み替える場合です。建て替える空き家の住宅ローン手続きまでに売却が間に合わない場合などは、新たな住宅ローンを組んでも返済能力に問題がなければ、ダブルローンを組むことも可能です。

ただし、ダブルローンに対応している金融機関はごく一部です。また、返済中のローンの残債が多いと融資可能額は非常に限られるとともに、売却が長引けば、その間、負担が大きくなります。

そこで、知っておきたいのが、住宅金融支援機構の住宅ローン**「フラット35」**で二重にローンを組む方法です（すでにフラット35で借りている人は除く）。今の住まいの売却の意思を示すだけで（不動産会社との媒介契約書などを提出）、現在の残債はないものとして、新居用の借入可能額を審査してもらえます。そのため、一般のダブルローンより借りられる金額が大きくなる点が魅力です。

ただし、利用するには年収など、相応の条件を満たしている必要があるので注意しましょう。

「住宅金融支援機構 リフォーム融資」の概要

融資対象者	●住宅に認定耐震改修工事または耐震補強工事を行う人 ●申込時の年齢が満79歳未満 ●総返済負担率が 年収400万円未満なら30％以下、 年収400万円以上なら35％以下 ●日本国籍所有者、永住許可などを受けている外国人
融資対象となる住宅	一般的な木造住宅の場合、工事完了後の床面積が50㎡以上など
(A) 融資対象となる工事	【①か②のいずれかに該当する工事】 ① 認定耐震改修工事 建築物の耐震改修の促進に関する法律の規定により認定を受けた耐震改修計画にしたがって行う工事 ② 耐震補強工事 機構の定める耐震性に関する基準などに適合するための工事
(B) Aの工事と併せて実施する場合に対象となる工事	●改築工事（建て替え工事、一部建て替え工事、水回り設備の設置工事） ●増築工事 ●修繕・模様替え（天井の補修や外壁塗装、外構、造園など）
抵当権の設定	あり（融資額が300万円以下なら不要）
火災保険	あり
融資限度額	1,000万円
返済期間	最長20年
保証機関の保証	必要なし
金利	0.38％（返済期間10年以下。2019年6月現在）

※融資の対象は耐震を目的としたリフォームで、高齢者向け返済特例を利用しない場合

消費増税も怖くない!?「次世代住宅ポイント制度」に注目

◎家電などと交換できるポイントがもらえる

２０１９年10月、消費税が10％に引き上げられるのに合わせて、政府は住宅に関する支援制度を充実させています。その一つが、**「次世代住宅ポイント制度」**です。次ページのイラストのように、耐震やバリアフリーなど、住宅の性能を高めるためにリフォームや建て替えを行うと、「手すりの設置は５０００ポイント」といったポイントが発行され、さまざまな健康関連商品や省エネ家電などと交換できます。対象となるのは、原則として２０１９年４月～20年3月までに締結された工事請負契約です。

ポイントの上限は、建て替えなら最大35万ポイント、リフォームなら30万ポイントになります。ただし、合計が2万ポイント未満だと申請できません。つまり、手すりのみを設置するような簡易リフォームは、ポイント発行の対象外となります。

とはいえ、ポイント欲しさに不要な設備を増やして費用がかさんでは本末転倒です。本当に必要なものを見極めるようにしたいところです。

なお、今回の支援制度には、「住宅ローン減税の控除期間が10年→13年に延長」「リフォームや建て替えのために受けた贈与の非課税枠を１２００万円→３０００万円に引き上げ」というものも含まれています。お得な制度を賢く利用して、リフォームや建て替えを成功させましょう。

リフォームの種類ともらえるポイント

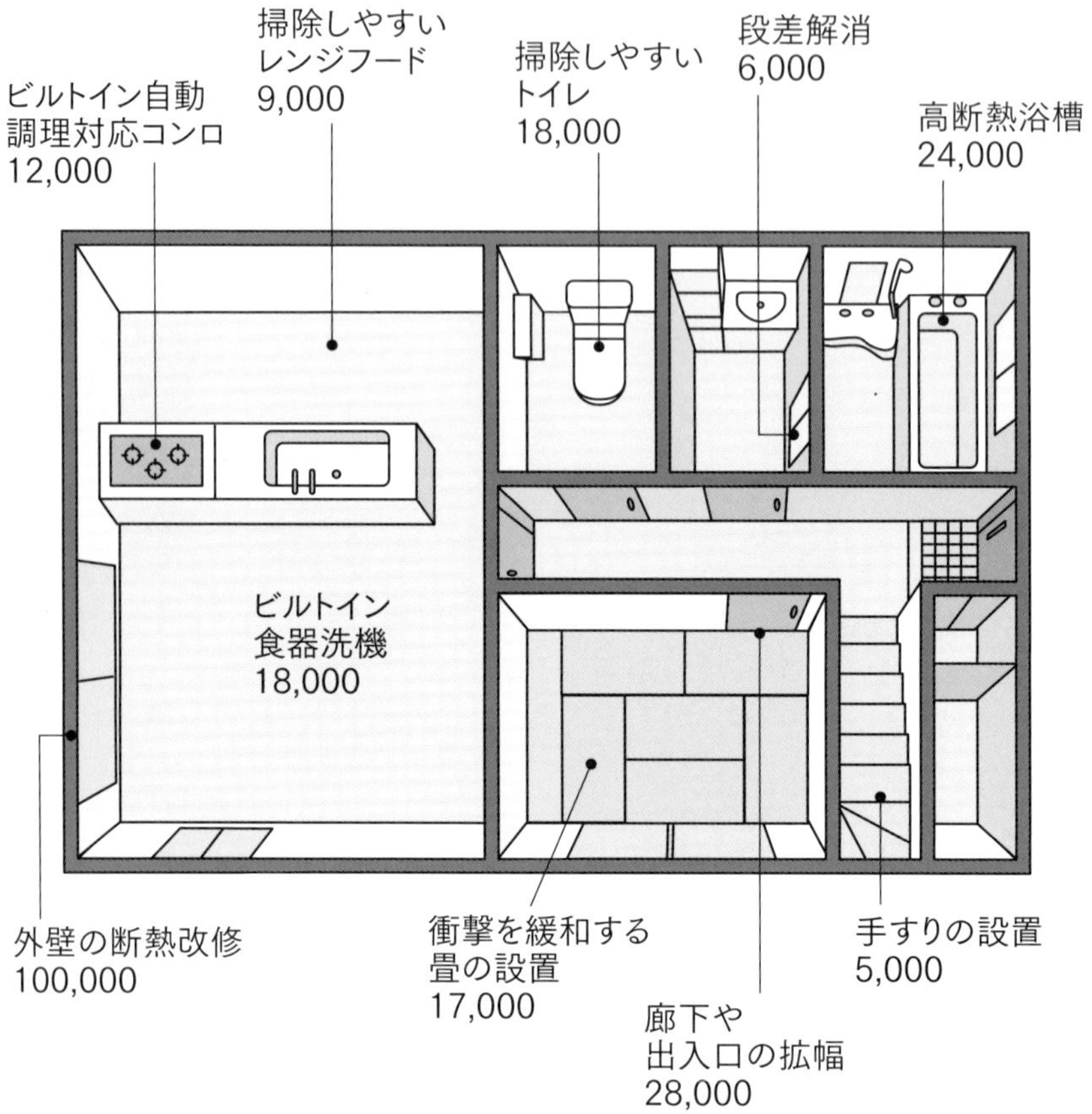

〈その他〉

●ペアガラスなどに交換　2,000〜7,000

●ホームインスペクションを受ける　7,000

第５章

将来に備えて、そのまま「維持」する

なぜ「維持」を選ぶのか？目的を明確にしよう！

◎「維持」の出口を考えよう

売却も賃貸も選択せず、空き家のまま維持するケースも少なくありません。空き家をどうするかについてはそれぞれに事情があると思いますが、一つだけいえるのは「維持」を選択した理由を明確にしておかないと、いつまでも無駄なお金を使ってしまうようになることです。

空き家と土地所有者に、利用意向を聞いたアンケート調査によると、「空き家にしておく」とする理由として挙げられたのは、「物置として必要だから」44・9％、「解体費用をかけたくないから」39・9％、「とくに困っていないから」37・7％などが多くなっています（国土交通省「空家実態調査」２０１４年）。

この結果から、ただ**何となく空き家のまま放置している人**が少なくないことがわかります。

自分が住むのか、子ども世代や親族が住む予定なのか。それとも何かほかの活用方法を考えているのか。たとえば、事業活用を考えているのなら、何年後を予定しているのか、資金計画は立っているのか、など、きっちりとした計画でなくてもかまいませんが、空き家のまま維持する目的を明確にしておくことをおすすめします。

つい「今は忙しいから」とか、「面倒くさいから」「遠いので……」と目的をはっきりさせずに「とり

「維持」する目的を明確にする

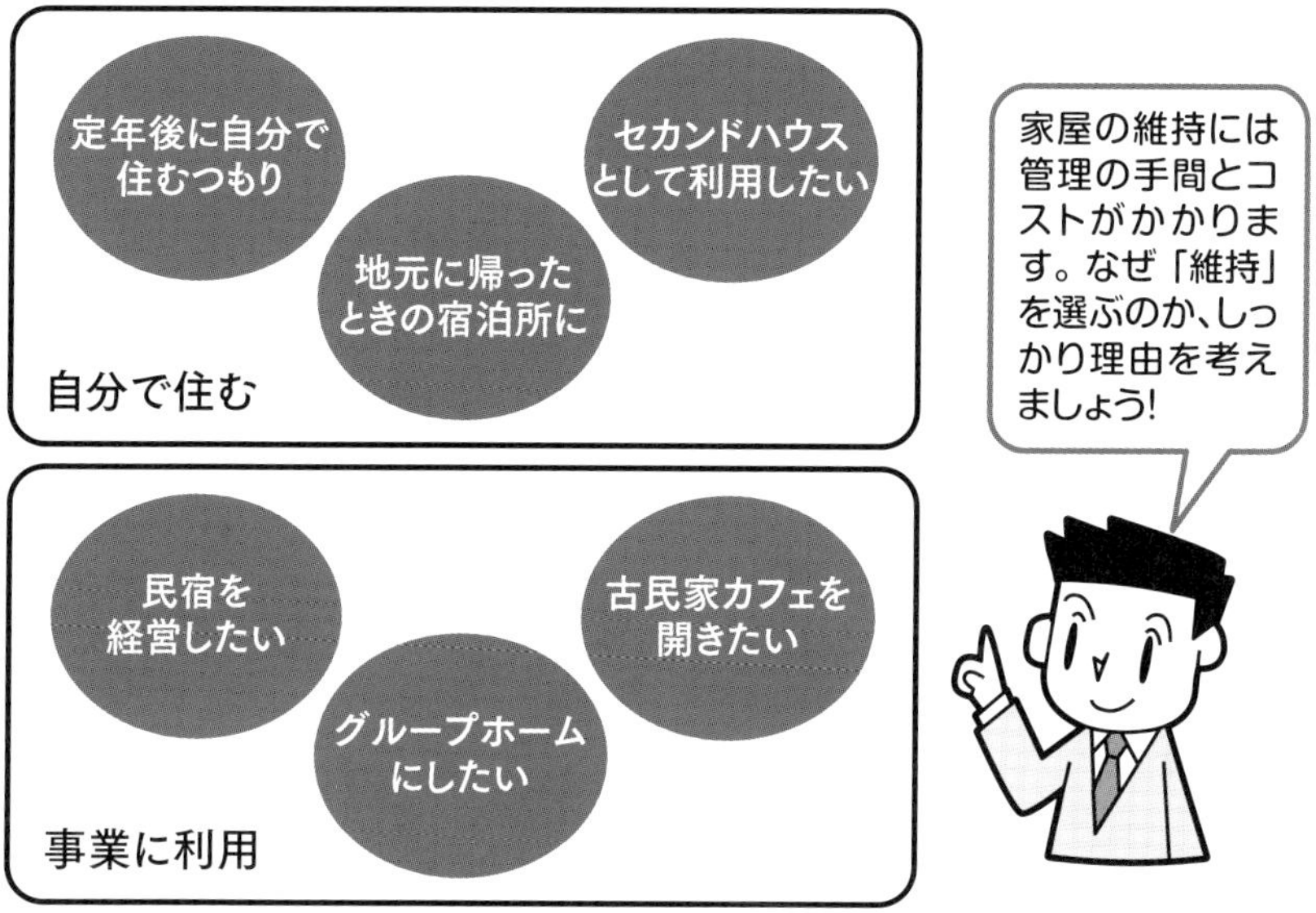
定年後に自分で住むつもり
地元に帰ったときの宿泊所に
セカンドハウスとして利用したい
自分で住む
民宿を経営したい
グループホームにしたい
古民家カフェを開きたい
事業に利用
家屋の維持には管理の手間とコストがかかります。なぜ「維持」を選ぶのか、しっかり理由を考えましょう!

あえず」で空き家のままにしておくのは、家の荒廃が進んで資産価値が低下するばかりでなく、固定資産税の支出が重なるなど、デメリットしかありません。子どもがいれば相続するときの「負の資産」になる可能性すらあることを覚えておきましょう。

◎期限を切って結論を出す

もし、「とりあえず維持」を選択しているのであれば、「5年の間に結論を出す」など、期限を切っておくとよいでしょう。

もちろん、「あと数年で定年だから、リタイアしたら故郷に帰って田舎暮らしを満喫したい」とか、「年に何度か地元に帰るときに泊まれるように」など、具体的な目標が決まっているのであれば問題はありません。あとはいかに家屋の傷みを防ぎ、良好な状態を維持していくかです。

いつでも住めるような状態で空き家を維持するには、**管理にそれなりのコストや手間がかかる**ことを覚えておきましょう。

空き家を現状維持するだけでお金がかかることを知っておこう！

◎「空き家」にはお金がかかる

「空き家」を所有していくには適切な維持管理とその費用が発生します。しかしそれ以前に、所有しているだけでお金がかかることを認識しましょう。

その代表的なものは「税金」です。一戸建て、マンションを問わず、不動産を所持していると必ずかかるのが**「固定資産税」**です。また、都市計画法による市街化区域内の物件には**「都市計画税」**もかかります。この2つの税金には「住宅用地の特例」があり、住宅が立っている土地は更地の状態よりも税金が減免されます。

ただ、減免されるとはいえ、空き家を持っているだけで税金の納付義務があることに変わりはありません。しかも2015年度の税制改正により「特定空き家」に指定されると、この減免措置から除外されることになりました。現在は、ますます空き家の維持管理に気を使う必要が生じているのです。詳しくは次ページ以降を参考にしてください。

◎使わなくてもかかる基本料金

年に数回でも宿泊を伴って使用するつもりなら当然、電気やガス、水道などの料金がかかります。意外と馬鹿にできないのが、これらの基本料金です。

まず、電気料金に関しては、最近は電力供給の自由化が進んでいるので、安いプランを探して契約す

空き家を1年間維持するためにかかる費用の目安

税金	固定資産税	不動産所有者は負担必須	
	都市計画税	物件がある地域により異なる	
基本料金	電気	自由化で安いプランを探す方法も。電気は契約アンペア数を最小にして基本料金を抑える	1.7万円
	ガス		1.4万円
	水道	地域によってかなり差があるので注意	1.2万円
共益費など	管理費 修繕積立金	マンションの場合は住んでいなくても支払う	
	町内会費	トラブル回避のために支払っておいたほうがよい場合も。地元の町内会の人に相談してみること	0.5万円
保険	火災保険	空き家でも状態によっては加入が可能のため、損保会社に確認。居住時からかけていた保険は、継続できることも	4.7万円
庭木	剪定	一般的に、季節の変わり目に年2回の剪定を依頼	10万円
税金、マンションの管理費、修繕積立金などを除いた合計			19.5万円

※そのほかに交通費や、空き家管理サービスを利用すると6万～12万円くらいかかります

ることも可能です。ガスは２０１７年から都市ガスの自由化がはじまっており、ＬＰガスはもともと自由に会社を選んで契約できるので、この機会に安いプランを探してみるのもよいでしょう。

ところが水道に関しては、なかなかそうもいきません。水道料金は地域によって差があり、なかには10倍以上の高額になってしまうこともあります。

火災保険にも入っておきましょう。空き家でも、まったくの廃墟でなければ、家具を置いたままや、たまに泊まりにくるなど、物件の状態によって加入は可能です。ただし、保険料が割増になる場合もありますので、損保会社に確認を取りましょう。

また、所有している物件がマンションの場合は管理費や修繕積立金なども必要になります。

なお、実家を離れて暮らしていると気づきにくいのが、地域によっては町内会費などの支払いが必要になることです。たとえ頻度は少なくてもごみ収集所などを利用する場合は、支払っておいたほうがトラブル回避につながるでしょう。

空き家の維持管理――屋内編 定期的にやっておきたいこと

◎湿気を防いで劣化を予防

空き家を維持するには何をすればよいのでしょうか。繰り返しになりますが、人の住まない建物は思った以上に早く劣化が進行します。家が近ければ、できれば週に一度、月に一度ぐらいは様子を見に行きたいものです。遠方に住んでいて不可能な場合には業者に依頼するという手もありますが、まずは自分でやる方法を前提に考えてみましょう。

空き家が劣化する原因の一つは**「湿気」**です。

人が住んでいれば、日常生活のなかで玄関や窓を開けるたびに空気が入れ替わります。しかし、人が住んでいない、閉め切った屋内には湿気を含んだ空気が滞留し、カビの発生や腐食となって家屋を浸食していきます。

空き家の劣化を防ぐための、もっとも簡単な手段は空気の入れ替えによる湿気退治です。閉め切ったままの雨戸と窓を開け放ち、空気の入口と出口を確保して、建物全体の換気をしましょう。空き家特有のカビ臭さも防げます。

◎定期的にチェックしたいポイント

台所や洗面所、浴室やトイレなど、下水につながる管は、通常S字型に曲がっています。これは排水トラップと呼ばれるもので、**曲がった部分に水がたまってフタの役割をし、下水の臭いが室内に侵入す**

屋内のチェックポイント

窓開け・通風	□空気の入口と出口を確保 □建具の歪みやきしみがないか
通水	□配管の詰まり、臭い
各部屋のチェック	□壁、天井、床のシミなど □臭気がないか
室内の清掃	□埃を払う

POINT
建物の維持は「風通し」による湿気対策が肝心! 視覚と嗅覚で変化を感知しよう

るのを防いでいます。

毎日水を使っていれば、流した水の一部がこの部分でたまった状態を保ちますが、長期間放置していると水が蒸発して「フタ」がない状態になり、下水の臭いが上ってきてしまうのです。また、水がなくなると下水道から虫などが侵入する可能性もありますから、定期的に水を流しましょう。

ガスや水道は元栓を閉めておけばガス漏れや漏水を防ぐことができます。電気もブレーカーを下げておくと安心です。

また、すべての部屋に入ってみて、変化がないかをチェックします。天井や壁にシミがないか、床がきしんでいる場所はないか。前回訪問したときと変わったところはないかなどを確認しましょう。

カビ臭い、腐ったような臭いがする、下水のような悪臭がするなど、視覚だけでなく、嗅覚も働かせるのもポイントです。

もし何か異常を感じたら、放置せずに専門家に原因を調べてもらいましょう。

空き家の維持管理——屋外編
日中、異常がないか視認しよう

◎順番をつけて観察する習慣を

屋外のチェックは暗くなってからでは気づきにくい箇所もあるので、明るい時間に行います。まずは家の周囲を一周して、次ページの表に挙げた箇所をチェックしましょう。

ポイントは**上から順に、意識して視線を移動させること**で見落としを防ぎます。

まず、屋根の瓦などがずれていないか、はがれていないかを見ます。建物に近づきすぎると見えないので、少し離れたところから、場合によっては敷地外から見るのもよいでしょう。軒裏や雨どいは近くから確認します。とくに軒裏は雨や湿気などで傷みやすいのですが目につきにくいので注意しましょう。

外壁はひび割れやシミなどを確認。面積が大きいため細かい変化を見逃しやすいので注意が必要です。

最後にコンクリートの基礎部分です。築年数が古い建物は基礎にひびが生じたり、シミのように変色してしまう場合があります。また、床下に換気口がある場合は、そこから小動物が出入りする可能性もあるので、壊れていないかを確認しましょう。

また、換気口をエアコンの室外機や植木鉢などでふさいでしまっている場合は、必ず遮蔽物を移動させて換気量を確保します。この換気量が確保できていないと、室内に湿気がたまり、建物の寿命を縮めてしまいますから注意しましょう。

屋外のチェックポイント

①屋根	□瓦のずれ、割れなど
②軒裏	□雨によるシミ、割れなど
③雨どい	□ずれがないか、詰まっていないか
④外壁	□ひび割れ、シミなど
⑤基礎	□ひび割れ、シミなど
⑥換気口	□割れ、動物の侵入形跡
⑦設備	□石油タンクのサビ □配線、配管
⑧ブロック塀	□ひび割れ、シミなど
⑨庭木	□道路や隣家に張り出していないか □見通しは確保できているか
⑩雑草	□ごみのポイ捨て、害虫など

視線は「上から下へ」順を追って見落としを防ぎましょう。異常を見つけたら、早めに対策を打つことも大事です!

最後に屋外の設備の点検です。石油タンクのサビ、屋外の水道管などの水漏れ、ボイラーの状態などを点検します。

家の周囲のブロック塀なども、ひび割れがないか、シミなどが浮いていないかをチェックします。

◎庭木や雑草はシーズンごとに手入れを

一戸建ての場合は、家の周囲も手入れが必要です。庭木が道路や隣家まで枝を張り出しているような場合、見通しが悪くなるばかりか、落ち葉が近隣の迷惑になりがちです。壁伝いにツタが繁殖してしまう可能性もあるので、こまめにチェックし、**シーズンごとに簡単に手入れをしておくと安心**です。

また、雑草が伸び放題になっていると、周囲からひと目で「空き家」とわかってしまいます。

防犯上も好ましくありませんし、虫などがわく原因にもなります。そのほか、小動物が棲みついたり、ごみを投棄されたりする原因にもなりますから、こちらもまめに手入れをしましょう。

遠方にある空き家の維持管理を誰に任せるか？

◎将来の用途で維持管理のレベルに差

将来、空き家をどう使いたいか、その用途次第で維持管理のレベルには差が出ます。将来は更地にして売却する予定であれば、ご近所に迷惑をかけない程度の管理でもかまわないでしょう。

問題は、遠方に住んでいてたびたびは現地に行けないという場合です。手入れだけでなく、とくに台風シーズンは強風で屋根が傷んだり、冬場に積雪が多い地域などは雪下ろしといった課題も発生します。所有者の年齢によっては、体力的に管理が難しいといった場合もあるでしょう。

そんなときに活用したいのが、最近注目されている**「空き家管理」**のサービスです。これは定期的に契約した空き家を巡回し、家屋や家の周りのチェックを行ってくれるビジネスです。

基本料金で行うサービスとしては、**管理物件である旨の看板の設置、月に一度の建物の外観目視、報告書作成**といったところ。料金は月１回で５０００～１万円程度が目安です。

鍵を預かって室内の換気や通水、雨漏り点検やポストにたまったチラシの除去、郵便物の転送などといったサービスを提供している会社もありますし、オプションで庭木の手入れや雪下ろしなどのメニューがあるところも。管理内容によって価格が異なるので、希望するサービスを選択して契約できます。

空き家管理、誰に任せる？

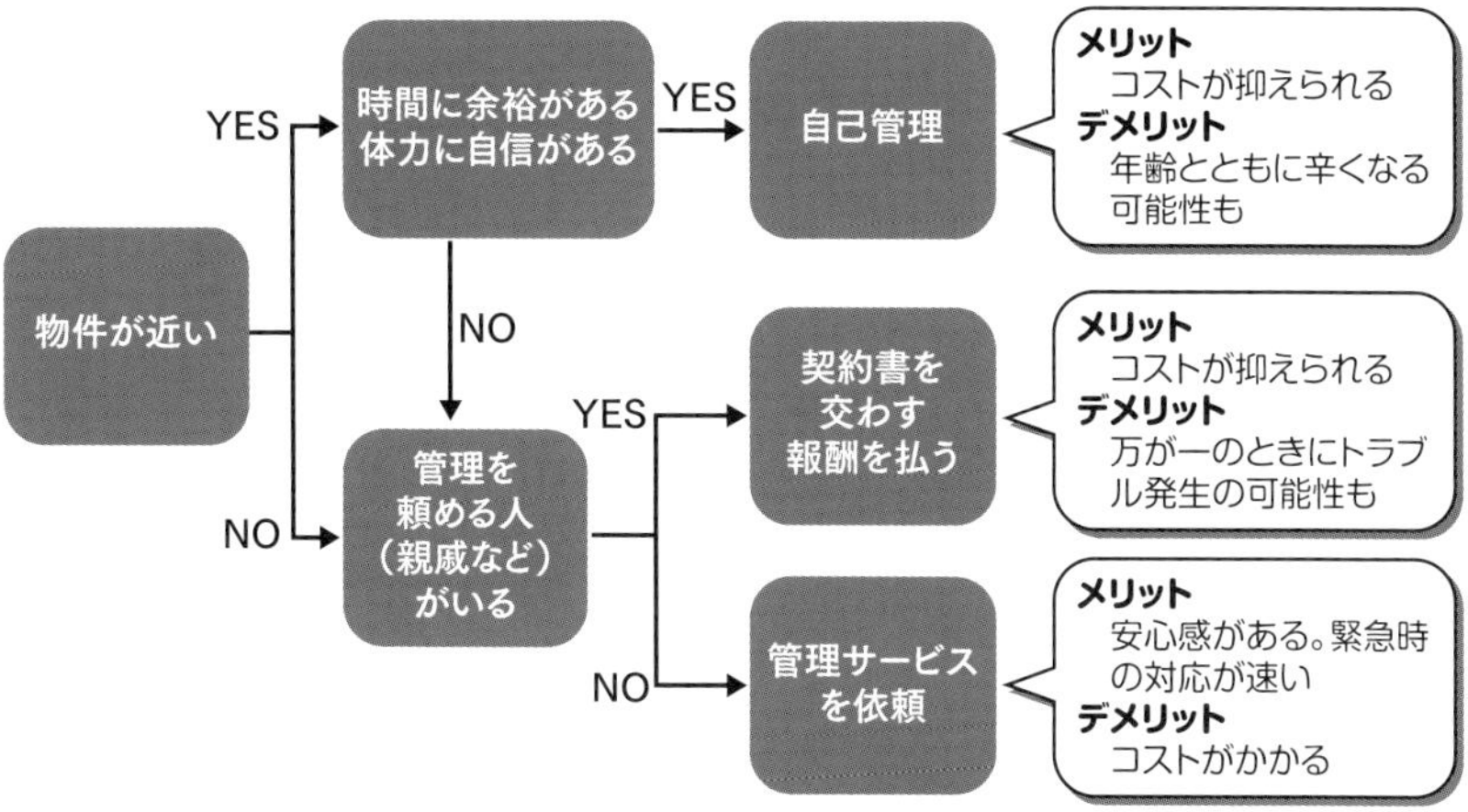

POINT
親族などに頼むときも契約書や報酬を明文化する
自己管理と業者管理の併用でコスト削減も可能

また、年に数回は現地に行って自分の目でチェックし、月々の簡単なチェックを管理サービスに依頼するといった使い分けをする方法もあります。

◎管理されている安心感を提供

空き家の管理サービスを利用するメリットの一つとして、「管理物件であることを示す看板の設置」があります。ご近所に対して、きちんと管理された物件であることを示すことで、ごみの不法投棄などを防ぐことが可能なうえに、何かトラブルがあったときにも連絡がつきやすくなるからです。

なお、近所に住む親戚や知人などに管理を依頼するというケースもあります。ただ、その場合もお願いする項目や巡回の回数（月に1回など）を明文化し、契約書を交わす、報酬を支払うといった形を取ったほうが無難です。

相手の厚意に頼るだけだと、見落としがあったり、巡回の回数が少なすぎたりして、万が一のときにトラブルになりかねないので注意しましょう。

犯罪防止のためにも有効な防犯対策を！

◎普段使わない空き家には防犯対策を

空き家を管理しないでいると、街の景観を乱すだけでなく、犯罪の温床になりかねません。周辺地域の治安維持のためにも防犯対策は必須です。

多少のコストはかかりますが、**一番安心なのは警備会社のホームセキュリティを契約**することです。空き家管理の専門業者のほか、多くの警備会社が月額数千円で空き家管理のサービスを提供しています。警備会社によっては、ドアや窓などにセンサーを取り付けて、侵入者を検知するとガードマンが駆け付けるといったオプションプランも準備しています。

すでに警備会社と契約している場合は、料金が割引になるところもあるので、一度確認してみるとよいでしょう。

また、空き家に防犯カメラを設置するケースも増えています。カメラ代として数万円の初期費用はかかりますが、月々1000円以内の利用料でパソコンやスマホに送信された監視映像を、遠隔地からでも確認できると好評のようです。

◎自分でできる防犯対策の基本

自分で簡単にできる防犯対策としては、雨戸を閉めるなどの戸締まり、施錠をしっかりとすることが大前提です。

空き巣の侵入を防ぐ簡単な方法は、すべての窓に

空き家の防犯対策

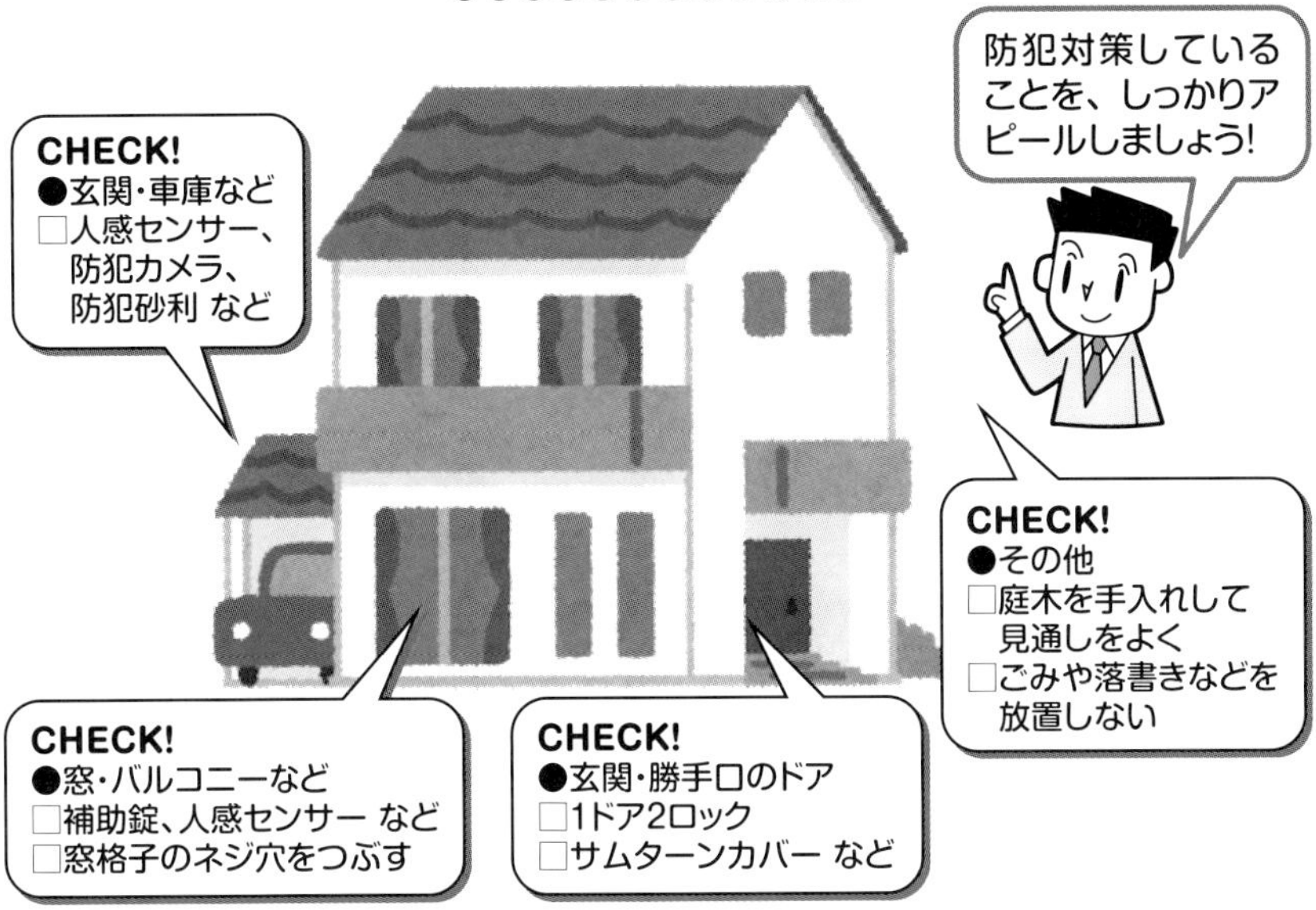

補助錠をつけておくことです。補助錠はホームセンターなどで数百円から購入できますし、取り付けも簡単です。格子付きの窓も安心してはいけません。スチール製の格子はドライバー1本で取り外しができてしまいますから、ネジ穴をつぶしておくとよいでしょう。瞬間接着剤などを流し込むと簡単です。

玄関や勝手口などのドアには複数の鍵をつけるほか、市販されている防犯グッズの「サムターン回し防止カバー」をつけるのも効果的です。

また、外構や玄関回りには人が近づくとライトが点灯する人感センサーを設置しておく、窓の下などには踏むと音がする「防犯砂利」を敷いておくのも有効です。防犯砂利はホームセンターなどで、数千円程度で入手できます。

空き巣は庭木が茂って見通しが悪い窓から侵入します。シーズンごとに**庭木の手入れをして、外部からの死角をつくらない**こと、1ドア2ロックの原則を守るなど、一般的にいわれている空き巣対策をしっかりするだけでも犯罪抑止につながります。

将来住む予定なら、今のうちにご近所トラブルを避ける対策を

◎管理不足がトラブルを招く

空き家が原因のご近所トラブルは、所有者の維持管理の認識不足から生じがちです。ごみの投棄や落ち葉、庭木の枯れ枝の落下などのほか、壁の落書きを放置していたりすると、周辺の印象を悪くします。**地域の治安悪化や不動産価値を下げてしまう**ことにもつながりかねません。

将来、その家に住む予定があるのなら、早い時期から近隣の理解を得ておくに越したことはありません。そのためにはまず、維持管理を徹底することが大前提ですが、近隣住民とのコミュニケーションを取ることも大切です。

◎近隣の人とのコミュニケーションを

隣が空き家と思うと、不用心に感じる人は少なくありません。そこで「月に一度の見回りサービスを利用しています」とか、「シーズンごとに庭木の手入れをする予定です」などのように、管理方針を伝えておけば相手も安心します。

また、自分の連絡先を渡しておき、何か異変を感じたら連絡をしてくれるように頼んでおくのもよいでしょう。

無人のはずの隣家から物音がしたり、人影が見えたりしたときなど、異常があれば両隣の住人が気づいてくれる可能性がありますし、台風や降雪時など

空き家の防犯対策

隣家とのコミュニケーション	□空き家であることを伝えておく	無人であることを共通認識としておく
	□管理体制を伝える	家屋だけでなく庭木や雑草、落ち葉の処理など
	□自分の連絡先を伝え、異常を感じたら連絡をもらえるように依頼	不審者侵入などのほか、台風や降雪時などの状況連絡も
	□将来の用途について伝えておく	将来の用途がわかることで安心してもらえる
町内会	□共同のごみ収集場を利用する場合などは加盟しておく	年に数日程度の短期間の滞在でも、事情を話してごみ収集場の利用を認めてもらう。地域の行事には参加できなくても、町内会費を払っておく
	□町内会費は必要経費と考える	

コミュニケーション不足が不信を招きます。トラブルの芽は事前に対処するようにしましょう!

にこちらから連絡を取れば状況が把握できます。

◎ご近所との信頼関係を築く

自分で空き家を使う際には、両隣に挨拶をしておけば無用な心配をかけずに済みますし、顔つなぎもできて安心です。

可能なら、「将来は自分で住むつもりです」など、これからの物件の使い道についても伝えておけば、さらに安心感は高まるでしょう。町内会などにも、普段の活動に参加はできなくても、共同のごみ収集場を利用するなら加盟しておいたほうがよいかもしれません。

将来、自分が住む場合はもちろん、人に貸すにしろ、売却するにしろ、ご近所とトラブルがある物件は資産価値が落ちます。トラブルを未然に防ぐためにはご近所との信頼関係が欠かせません。

挨拶をする、連絡を取る、説明をする。こちらから情報を提供することで、相手に安心してもらうことが大切です。

column 4

空き家管理サービス会社を選ぶポイント

空き家管理サービスは、空き家活用のためのリフォームや解体工事、ハウスクリーニング、保守警備など、幅広い他業種との連携ビジネスになっているケースも少なくありません。そのため事業者によっては、利用客の個人情報を自社で行っているほかの営業行為に利用しないとは限りません。空き家管理サービスを利用する際は、事業者の主たる事業などについて確認し、疑問があれば話を聞くようにしましょう。また、空き家管理市場の規模は小さく、これから新規参入業者が増加していくと思われます。その点で、実績とともに管理体制やサービス内容、表示方法などにも注意が必要です。

たとえば、管理サービスの一般的なサービス内容は、空き家管理のための必要最低限のメニューをパッケージなどにした「基本サービス」、また利用客の希望で選択できる「オプションサービス」、そのほかに住宅診断や白アリ診断、修繕工事など、さまざまな内容の「特別なサービス」で構成されています。これらの内容と料金が明確に表示されていることは必須条件になります。

さらに、管理を依頼する空き家が、管理事業者の本部から遠隔地にある場合や、建物の規模が大きい場合などに加算金が発生したり、契約時に一時金が生じたりする場合もあるので、別途料金が必要か否かチェックしましょう。

なお、契約を結ぶ際、管理業務委託契約書、もしくはこれに類する書面には、おもに以下の項目が記されているかも確認しましょう。

■管理業務委託契約書のおもな記載内容

- 提供する管理サービスの内容や時間、頻度、価格、支払方法
- 業務委託の内容に含まないサービスを利用する場合の手順など
- 業務報告の方法、頻度、契約期間
- 契約解除に関する定め
- 損害賠償額または違約金に関する定めがあるときは、その表示と内容
- 管理事業者の名称およびその住所
- 緊急時の対応（含まれていない場合は、その旨の表示）

第6章

空き家を生かして「事業化」する

どんな事業が向いているか、6つのポイントで検討しよう！

◎失敗しないためには選び方が大事

空き家を事業の「資源」として再利用するメリットは、新たに物件や土地を取得する必要がなく、通常の事業化よりも初期費用を抑えられることです。ほかにも収益が得られたり、節税対策になったり、多くの魅力があります。しかし一方で、**実際は素人が手を出して失敗するケースも少なくない**ようです。

そこで事業化するにあたっては、選び方のポイントを押さえることが重要になります。次ページの図表にある6つのポイントを順に見ていきましょう。

◎参入しやすさは？

事業化を想定しないで空き家を相続した場合など、多くの**「初期費用」**を用意できる人は少ないでしょう。負担を大きくしないためにも、初期投資がいくらかかるかによって事業を選択することが基本です。

たとえば、もっとも手軽なイメージのあるコインパーキング（160ページ参照）は更地にして整地、設備を設置すれば、すぐにでもはじめられます。賃貸アパートなどのように多額な建築費もかかりませんし、住宅には不向きな立地の利用が可能です。もし、そのエリアに需要があれば、**「将来」**も継続して収益が見込めます。

その反対に、意外に大きな初期投資が必要になるのがコインランドリー（164ページ参照）です。

6つのポイントで、おもな空き家ビジネスをチェック！

事業内容	初期投資	将来性	収益性	節税対策	維持管理	転用性
コインパーキング	◎	△	○	△	◎	◎
土地があれば少ない初期費用ではじめることが可能。狭い土地でも活用可→P160へ						
コインランドリー	×	○	○	△	△	×
洗濯機、乾燥機などの設備費に多額なコストがかかる。用途地域によってはNGも。→P164へ						
トランクルーム	○	○	○	×	◎	△
維持管理に手がかからないのがメリット。長期にわたって収益を上げやすい→P168へ						
アパート経営	×	△	△	◎	×	×
建築費に多額な初期費用が必要になる。滞納、空室などリスクも多い。→P172へ						
古民家カフェ	△	△	△	△	×	△
厨房周辺の設備にこだわらなければ、少ない初期投資でもOK→P176へ						
民泊	△	○	△	△	×	△
各自治体ごとに条例が異なり、手続きなども煩雑だが需要は拡大傾向→P180へ						
貸しスペース	◎	○	△	△	△	△
利用方法の提案、ネットからの情報発信により住宅地でも集客は可能→P184へ						

最初に固定客がついてしまえば、後々安定した収益を期待できるのが魅力です。ただし、近年はセキュリティ面での対策など工夫が必要です。

空き家を活用する事業は、副業として取り組め、無人経営が可能なものが中心ですが、**将来も需要があるかどうか読み間違えてしまうと、赤字が定着してしまうので慎重な判断が必要**です。

◎事業のお得度は？

言うまでもなく事業化するからには**「収益性」**抜きに考えることはできません。初期費用が少なく済むうえに、事業によっては高収益を期待できますが、その半面、リスクを負う覚悟も必要となります。

たとえば、カフェ（176ページ参照）などの店舗経営が挙げられます。立地条件と経営手腕により儲かる可能性はありますが、空き家は立地が選べません。自分のやりたいスタイルがあっても、その地でオープンして、集客できないのでは事業として成立しません。

また、**「節税対策」**として有効なのは賃貸アパート・マンション（172ページ参照）です。住居系の活用方法になるので、固定資産税、都市計画税などが軽減されるのは大きなメリットです。建築費などが大きくなりますが、とくに鉄筋コンクリート造のマンションでは担保価値も高くなるため、金融機関からの資金調達がしやすくなります。

ただし、**節税だけに目を向けていると、経営がうまくいかずに最終的には損をしてしまった**ということにもなりかねません。

◎継続しやすいか？

空き家で手軽にはじめられるというイメージのある事業でも、じつは経営ノウハウが必要なものも多いのが現実です。まったく経験なしではじめられたとしても、継続できなければ意味がありません。設備の**「維持管理」**や利用客への対応など、FC（フランチャイズチェーン）加盟して業者に丸投げしたほうがよいものもあります。

自営するのであれば、管理に面倒な手間がかからないかを確認しておくことが重要です。

たとえば、無人経営が可能なトランクルーム（168ページ参照）などは鍵の受け渡しさえルール化しておけば、立ち会う必要はありませんし、設備も最小限で済むので修繕費なども抑えることができます。

また、一定期間だけ事業に活用したいという場合は、すぐに土地を別の用途に**「転用」**することができるかどうかも確認しておきましょう。事業に活用して収益を上げたあと、将来は自分の住まいを新築する手もあります。

建物などを建築すると、初期費用を回収するのにそれなりの年数が必要になります。考え方によっては、**撤退しやすく短い期間で利回りのよい事業をはじめるという方法**もあります。

以上、6つのポイントのほかにも、次ページから解説するように空き家と土地の状態、参入の仕方などによっても事業内容は左右されます。

コインランドリーが出店できないエリア

コインランドリーを工場として扱うか、
店舗として扱うかは自治体によって違いますが、
通常は以下の用途地域では営業できません

工場
第一種低層住居専用地域
第二種低層住居専用地域
第一種中高層住居専用地域
第二種中高層住居専用地域

※地域の政令によって、第一種住居地域、第二種住居地域、準住居地域では作業場の広さが50㎡未満ならOK、近隣商業地域、商業地域では150㎡未満ならOKのケースもあります

店舗
第一種低層住居専用地域

※地域の政令によって、第二種低層住居専用地域、第一種中高層住居専用地域では500㎡以下はOKのケースもあります

所有する空き家が、どの用途地域にあるかによってできる事業は決まるので、注意が必要です!

2

「用途地域」と周辺環境から、需要が安定した事業を絞り込もう

◎地域の用途規制を調べよう

日本の都市計画は、土地の利用目的によって149ページの図表のように「用途地域」が分けられ、建てられる建築物も決められています。

たとえば、**「住居専用地域」**は閑静で良好な環境での暮らしを維持するための地域です。一戸建てや共同住宅のほか、学校、病院、中小規模店舗、事務所など以外は建てられません。

そして、住居専用地域のなかで規制がもっとも厳しい「第一種低層住居専用地域」で空き家を活用する場合、事業可能なのはアパートや一戸建て賃貸などです。カフェや料理店は営業できません。また、

アルコール類を出す居酒屋などは、「第一種」以外の住居専用地域では開業できません（店舗併用住宅は可能ですが、非住宅部分の面積などに制限あり）。

反対に、「商業地域」や「準工業地域」は、店舗やボウリング場などの遊戯施設や劇場、工場などのほか、一戸建てやマンションも建てることができます。その点、駅への近さや買い物のしやすさなどの利便性をウリにできるでしょう。たとえば、民泊や貸しスペースにするなど、空き家活用の方法は住居専用地域に比べて大きく広がります。

ただし、これらの地域は**住居専用地域よりも環境が変化しやすい**リスクがあります。たとえば、大規模商業施設が撤退すると、集客にも影響を与えかねません。そのため用途地域だけでなく、後述する周辺環境にも注意が必要になります。

◎周辺環境と需要を確認しよう

用途地域以外にも、自治体の条例などによって事業がさらに絞られます。たとえば、コインランドリーをはじめようと考えたとします。

このとき、自治体によってコインランドリーを工場として扱うか、店舗として扱うかが異なる点に注意が必要です。それを前述の用途地域に当てはめてみると、第一種低層住居専用地域では工場、店舗ともに不可ですが、第二種中高層住居専用地域では、工場は不可ですが、店舗であれば可能です。

さらにポイントになるのが周辺環境と需要です。仮に、駅から徒歩15分以上離れていると、単身者向けのアパートなどは少なく、需要があまり見込めません。しかし、近くに小学校がありファミリー層向けのマンションがあれば、主婦層の需要が見込めるかもしれません。

ただし、同時に必要になるのが、近隣に競合がないか確認することです。もし、同じエリアに最新機器を備えているコインランドリーがある場合、専門業者が出店を諦めるほど。それほど需要があり、早い者勝ちの事業といえます。

このように土地活用は、**用途地域で決められた選**

択肢のなかから、自治体の条例、周辺環境と需要などを加味して決めていくのが基本になります。

◎マンションは管理規約をチェック！

空き家が分譲マンションの居室で、事業化を検討する場合、原則として居住することを前提にしているので注意が必要です（営業活動できるマンションと商用を禁止しているマンションがあります）。

あらかじめ、「管理規約」、あるいは「使用細則」で確認することが大事です。明文化されていない場合でも、管理組合に今後変更されることがないかを聞くようにしましょう。

用途地域と居住環境の特徴

第一種低層住居専用地域	一戸建てや低層マンション、教育施設、併用店舗などは建築可
第二種低層住居専用地域	第一種低層住居のほか、コンビニなど小規模な店もOK
第一種中高層住居専用地域	3階建て以上のマンションや病院、中規模のスーパーなども
第二種中高層住居専用地域	第一種中高層住居のほか、1,500㎡までの店舗、オフィスも可
第一種住居地域	大規模な店舗、オフィスは制限されるが、ホテルや飲食店などは可
第二種住居地域	マンションや大規模オフィスが混在。パチンコ店なども建築可
準住居地域	おもに幹線道路沿いで、駐車場付きファミリーレストランなどがある
田園住居地域	農地や農業関連施設などと調和した良好な住環境を守る地域
近隣商業地域	近隣住民のための店舗、オフィス、駅前商店街などがある
商業地域	デパートや企業オフィスが優先される、都心部の繁華街など
準工業地域	環境の悪化をもたらすおそれのない工場のほか、マンションもある
工業地域	工業の利便を図り、住居は建てられるが学校、病院はない
工業専用地域	工業の利便を増進し、住居や店舗、学校などは建てられない

3 自営するか？ 業者に委託するか？ 経営形態を考えよう

◎自営のメリット・デメリット

空き家を活用して事業をはじめる場合、自営する、もしくは業者に委託するという、おもに2つの選択肢があります。それぞれの特徴を見ていきましょう。

まず自営する場合は、空き家をほぼそのまま活用するケースが中心です。事業内容と家の築年数や状態にもよりますが、とくに大きな不具合がなければクリーニングするか、最小限のリフォームをすれば活用は可能です。

たとえば、古い家の趣を生かしたカフェや貸しスペースであれば、すべてを自分と家族で切り盛りしているケースもあります。メリットは、収益はすべて自分のものにできることでしょう。

デメリットは、事業化にあたっての市場調査や、需要について専門的なリサーチが不十分になりがちという点です。経営についてのノウハウ、維持管理に関する知識がないため、もしものときのトラブル対応の経験がないという場合は、**少なくとも事前にセミナーなどで学ぶ必要があるでしょう。**

◎業者に委託するメリット・デメリット

次は、業者に委託する場合です。更地にしてコインパーキングやトランクルームにしたり、事業用の土地として貸したりする活用法があります。

必ずしも自営できないわけではありませんが、専

自営と業者に委託する場合のメリット・デメリット！

自営	
○	収益はすべて自分のものにできる
○	自分のやりたい方法で経営できる
△	すべての業績の責任があり、社会的な責任もある
△	経営についてのノウハウ、維持管理の知識がない場合などは、セミナーなどで学ぶ必要がある
×	市場調査など、専門的なリサーチが不十分になりがち

業者に委託	
○	安定した収益が期待できる
○	現地調査から、空き家の活用プランや適正管理の収支・試算の提案、具体的な営業支援までフォローしてくれる
○	営業活動の一部だけ委託する方法などの選択も可能。面倒なトラブル対応をしてくれる
△	自営に比べると収益は少なくなる
×	業者によって社内規定があり土地面積などに制限があることも

門業者であれば**現地調査から、空き家の活用プランや適正管理の収支・試算の提案、具体的な営業支援までフォロー**してくれます。

たとえば、トランクルーム経営であれば、コンテナを購入して、業者に一括借上げしてもらう、また、コインランドリー経営であれば、機器購入から維持管理までトータルで任せることが可能です。そして、オーナーとしては安定した収益が期待できます。

また丸投げするほかにも、営業活動の一部だけ委託する方法などの選択も可能ですから、本業を持つ人には手間がかかりません。素人には面倒なトラブル対応をしてくれるのも大きなメリットです。

デメリットとしては、自営に比べると収益は少なくなること、また業者によって社内規定があり土地面積などに制限があることや、エリアごとに信頼できる業者を選ぶ必要があることなどが挙げられます。

業者に委託することを検討するなら、まずはインターネットから資料請求してみましょう。簡単な提案書が送られてくるので参考になります。

4 空き家で事業開始するなら副業か？ 週末起業か？

◎副業と週末起業の違いとは？

副業と週末起業は同じように「二足のわらじ」で収入を得る方法ですが、副業は会社員でいながらお金を稼ぐこと。一方、週末起業は自分が事業主になってアイデアや能力などで収益を上げることを指します。近年は空き家問題を解消するために、さまざまな規制緩和が進んでいることもあり、空き家に関する副業や週末起業もやりやすくなっています。

たとえば、これまで民泊を営業するには、「旅館業法に基づく簡易宿泊の営業許可」や、「特区民泊の認定」などが必要でしたが、民泊新法の施行により条件や手続きが簡易化。空き家を生かした副業としてはじめる人も多くなっています。

このように、副業は手間やリスクを最小限に抑えて、長期的に収入を得ることができるのがメリットです。一方の週末起業は、たとえば、カフェなどで設備投資やスタッフを雇用すると、副業というより本業に近くなり、**しっかりした事業計画が必要**になります。副業のように簡単に撤退できない点で、社会的な責任の重さが違ってくる点に注意しましょう。

◎副業と週末起業する際の注意点

会社員は年末調整を受けていても、副業をして所得が20万円以上ある場合、原則として確定申告が必要になります。その際、アパート経営をして得た家

副業と週末起業……あなたはどっち派？
副業派
運営会社に委託してコインパーキングをはじめよう。でも、会社にバレたらどうする？
対策☞大丈夫！ 支払方法を「自分で納付」にチェックしておけば、副業が会社に知られることはありません
週末起業派
週末だけオープンする古民家カフェをはじめよう。でも、お客さん来るかしら？
対策☞工夫次第です！ SNSを活用するなど、効率的な広告宣伝をして集客を図りましょう

賃収入は「不動産所得」になりますが、副業とみなされないのが通例です。一方、そのほかの事業による収入が「雑所得」になるか「事業所得」になるかの区別については明確な基準は設けられていません。

雑所得も事業所得も、収入から必要経費を引いて計算できるのは同じです。ただし、事業所得は、副業で赤字が出た場合、所得税などの税負担を抑えられる点が異なります。事業の開始前に所轄の税務署で確認しましょう。

なお、事前に確認しておきたいのは、会社によっては社員の副業を禁止していることです。その場合、知っておきたいのが、次の方法です。確定申告する際、申告書の第二表の「住民税に関する事項」に「住民税の徴収方法の選択」という欄があります。ここで支払方法を「自分で納付」にチェックしておけば、副業が会社に知られることはありません。

また、週末起業として本格的な事業に近い規模で行う場合は、事前に**税務署に事業開始の届出、また青色申告の届出**しましょう。

「事業計画書」の作成と需要や相場などの市場調査が大事

◎「事業計画書」とは？

一般に、新規開業する際、**「事業計画書」（創業計画書）**を作成します。事業計画書は開業動機や事業の経験、提供する商品やサービス、収支計画、開業資金の調達方法などを書面にまとめたものです。

事業を運営業者に委託したり、経営サポートを受ける場合には不要ですが、カフェや民泊など、自営で切り盛りしたり、設備投資を行うための資金を借入れするのであれば、事業計画書は必須です。

近年は空き家を活用する競合相手も増えているため、独自視点での商品やサービス提供の方法から、集客や広告宣伝、事業スケジュールなどの細かい部分まで詰めておかなければなりません。それをひと目でわかるようにするのが、事業計画書づくりの目的になります。

カフェの場合、開業後5年で約7割がつぶれるといわれています。事業をスタートした後、経営を軌道に乗せるためにも、「現実的な経営として無理はないか？」といった事業計画はとても重要です。

◎事業計画書のおもな内容

融資の審査通過のために大切なのは、事業計画が客観的な内容になっているかどうかです。

説得力のある事業計画書を作成する前に、次のような点を明確にしておきましょう。

事業計画書に盛り込む内容

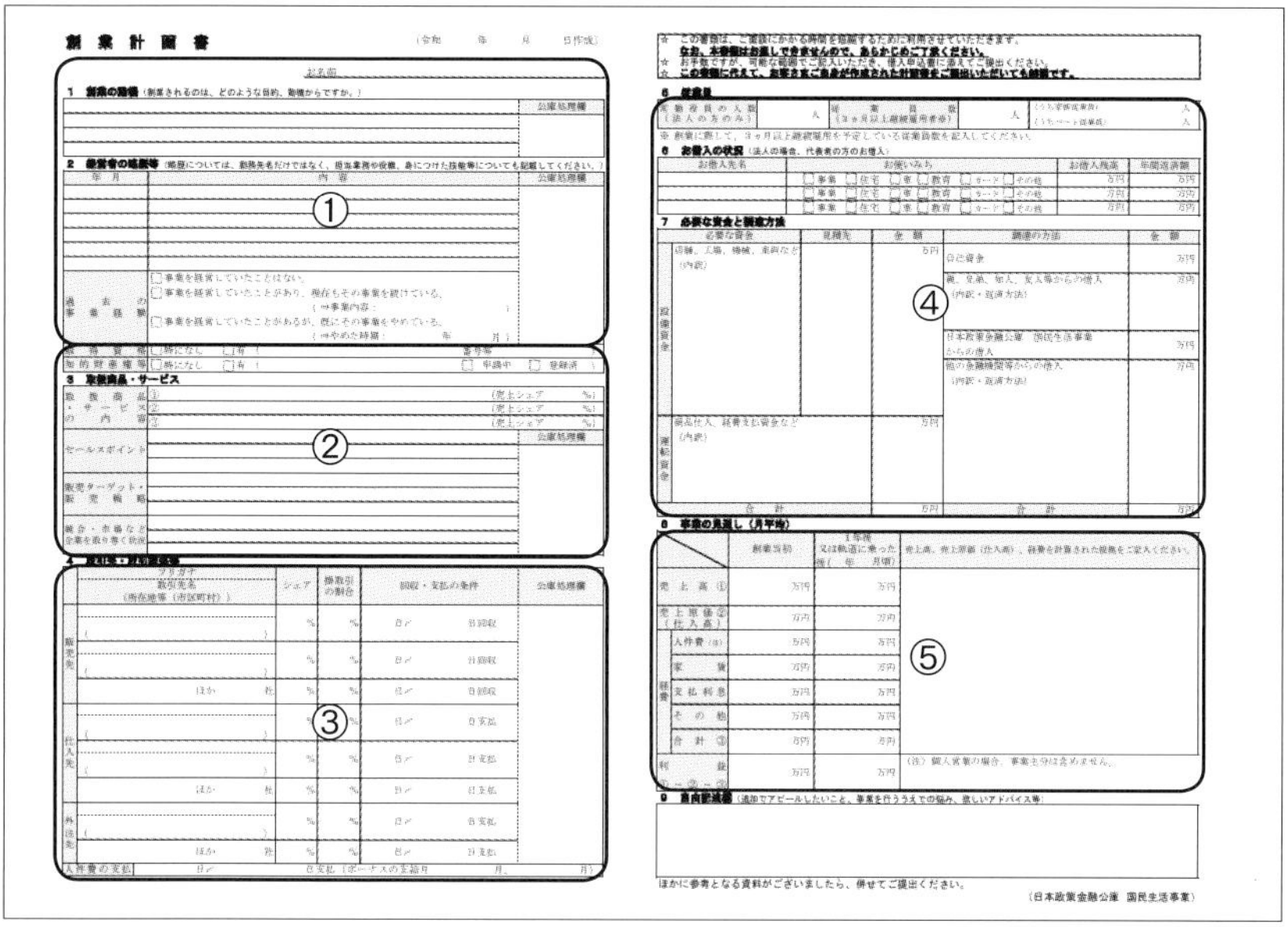

出典：日本政策金融公庫のHP（https://www.jfc.go.jp/）

▼

①創業の動機、事業の経験など、②取扱商品・サービス、③取引先・支払条件、④従業員数・現在の借入状況・必要な資金と調達の方法、⑤事業の見通し（月平均）

・商品・サービス

どんな商品・サービスを提供するのか、またセールスポイントなどに独自性が求められます。空き家を活用する事業ならではの発想で、社会に貢献する事業内容であると好印象を与えるでしょう。

・顧客対象

どんな人に向けた商品・サービスなのか、そのニーズを把握し、具体的な顧客ターゲットを想定することが大切です。また、販売方法や広告宣伝方法が具体的で、商品・サービスの内容ともマッチしていることがポイントです。

・経営資源

空き家を活用するというだけでは現実的ではありません。そのほかに、協力者やモノ、経験や技術、ノウハウなどを適切に活用できれば、より実現性の高い事業になります。

事業の見通しを計算しよう（古民家カフェの場合）

①売上高

20代の女性層＝客単価：900円×20人×24日＝43.2万円
男性層＝客単価：500円×15人×24日＝18万円
合計61.2万円

②売上原価

15.3万円
※原価率：約25％（以前のアルバイト経験から）

③人件費など

専従者（妻）1人：10万円
借入返済：200万円×年利率2.0％÷60カ月
＝約3.5万円
その他（光熱費、広告宣伝費など）：5万円

利益　①－②－③＝27.4万円

売上の見通しは、2年目、3年目など、軌道に乗ってからの計算もしておくこと。売上が増加すると光熱費などもUPするので注意!

・収支計画

商品・サービスをいくらで提供し、どれくらいの収益が見込めるか。また、その根拠となる計算式と数字を明確に示します。大切なのは、事業を継続できるだけの売上・利益が見込めるかという点です。

なお、事業計画書は、日本政策金融公庫のホームページ（www.jfc.go.jp/）でフォーマットや記入例が無料でダウンロードできるので参考にしましょう。

◎需要があるか市場調査しよう

事業計画書を作成する際は、空き家の周辺の環境を具体的に知っておく必要があります。とくに大事なのは、ターゲットとする顧客がいることです。

たとえば、カフェなどの飲食店の場合、ターゲットが来店できる移動範囲を「商圏」と呼び、一般に店舗から３００～５００メートルに、人口５０００人規模が必要とされています。

そこで、仮に1カ月に30万円の利益を上げようとする場合を見てみましょう。売上高の20％を利益と

市場調査で調べておくこと

1　ターゲットとする顧客がいること

周辺エリアを通行する人や、車の運転をしている人は、どんな年齢層、性別なのか？　また、事業のコンセプトに合った嗜好を持っているか？

2　事業内容とニーズがマッチしていること

ターゲットとする顧客がいることと同時に、利用してくれることが大事。ターゲット層のニーズに合った商品・サービスを提供できるか？

3　商圏に潜在顧客がどれぐらいいるか明確に

「国勢調査」で男女・年齢別、世帯の構成、住居の状態などの年齢別人口がわかる。商圏ごとに顧客となり得るターゲット層がどれくらいいるのか目安にしよう

4　目標売上高が達成できること

カフェの場合、「売上高＝客単価×客席数×回転率」で予測を立てる（回転率は一つの席が1日に利用される回数の平均値）。これに営業日数を掛けると1カ月の目標売上高に

※「国勢調査」の結果はインターネット上の政府統計サイト「e-stat」（www.e-stat.go.jp/）で無料で調べられます

した場合、月の目標売上高は１５０万円。休みなく営業して１日に５万円の売上が必要になります。客単価を６００円とすると、１日に約80人の来店客がなければ成り立たない計算です。もし、周辺が住宅地だとすると日中の人口はさほど期待できず、その事業計画も現実的とはいえないかもしれません。

ただし、カフェに向かないような場所でも、コインパーキングやトランクルームなら成り立つ可能性があります。実際に、地元ドライバーが抜け道に使うような路地や、駅から離れた行列ができる飲食店で駐車スペースがない店舗の近くなどで収益を上げているケースがあります。

このように、ポイントは**顧客層の需要と事業内容がマッチしていること。そして潜在顧客数で売上目標を達成できるかどうか**という点です。

さらに、土地周辺の環境が変化することにより、需要が予測を下回るリスクもありますし、新規参入者が増え、競争が激しい事業では価格競争に巻き込まれかねないことにも注意が必要です。

6 融資や補助金を受けるための基本を知っておこう

◎日本政策金融公庫の2つの融資

新規参入者が開業資金を借入れする場合、日本政策金融公庫を利用するのが一般的です。無担保・無保証人で、創業してすぐ利用できる融資制度としては、**「新創業融資制度」**と**「中小企業経営力強化資金」**の2つ。おもな特徴を見てみましょう。

「新創業融資制度」を利用するには、開業資金総額の10分の1以上の自己資金を用意しなければなりません（6年以上の業種経験があれば原則として免除）。融資限度額は3000万円とされていますが、実際の融資の平均額は300万円程度です。

「中小企業経営力強化資金」には自己資金の決まりはなく、事業計画次第で2000万円までは借りることが可能です。どちらも金利は2％程度ですが、中小企業経営力強化資金のほうが若干低くなるのが魅力です。ただし、税理士事務所などの認定機関に、事業計画の策定支援や見直しなどの経営指導を受けたり、事業計画の進捗状況の経過報告を定期的にしなければならないのがデメリットです。

◎改修工事をする場合は活用方法もチェック

なお、自治体によっては、信用保証協会と連携して融資する**「制度融資」**もあるので、同時に申し込むのがおすすめです。理由は、前述の日本政策金融公庫の融資審査に通り、実際に融資が下りる人の割

無担保・無保証人で利用できる公的融資、制度融資

	融資制度	融資限度額	融資金利	返済期間	おもな要件（一部抜粋）
日本政策金融公庫	新創業融資制度	3,000万円（うち運転資金1,500万円）	2.51〜2.80%（2019年6月3日現在）	「生活衛生貸付」などの融資制度を利用する場合の特例措置。返済期間は各制度に準じる	●「雇用の創出を伴う事業」「現在と同じ業種の事業」などの一定の要件に該当すること ●新たに事業をはじめる、または創業時において創業資金総額の10分の1以上の自己資金を確認できること
日本政策金融公庫	中小企業経営力強化資金	2,000万円	2,000万円以内で申し込む場合、2.26〜2.45%（2019年6月3日現在）	設備資金：20年以内 運転資金：7年以内	●経営革新または異分野の中小企業と連携した新事業分野の開拓などにより市場の創出・開拓（新規開業を行う場合を含む）を行うこと ●自ら事業計画を策定して、中小企業等経営強化法に定める認定経営革新等支援機関による指導・助言を受けていること
東京都	東京都中小企業制度融資「創業融資」	3,500万円（自己資金に2,000万円を加えた範囲内）	固定1.9%以内〜2.5%以内または変動金利	設備資金：10年以内 運転資金：7年以内	●事業を営んでいない個人で、創業しようとする事業の具体的な計画を有すること

※東京都の創業融資の融資金利は2019年4月1日現在

合は10〜20%程度と厳しいからです。**補助金の事業計画書は、融資の交付申込書を兼ねることが多い**ので、各自治体のホームページなどで確認しましょう。

申し込む際は、資金を適切かつ効率的に活用することをアピールするのがポイントです。改修工事を行う場合、見積もり額やその額が適切かどうか、さらに補助金の交付対象となる工事が計画している活動内容に即しているか、工事費に対する相応の効果が認められるかどうかなどの点には注意が必要です。

なお、融資や補助金の審査にあたっては、一般に10〜15年以上継続する事業であることが重視されます。また、融資金の返済期間は、収益を上げて回収するまでの目標期間の半分以下、一般に3〜5年以内とすることが多いようです。事業が軌道に乗るまで、余裕のある資金計画を立てることも大切です。

さらに、返済がきちんとできるかどうかの判断基準の一つとして、公共料金や住宅ローンなどの日頃の支払状況がチェックされます。支払いが遅れていると信用力は低下しますので注意が必要です。

7 土地の利用効率は低いが利用しやすさを工夫すれば稼働率アップ！

空き家で実現する「事業図鑑」……コインパーキング

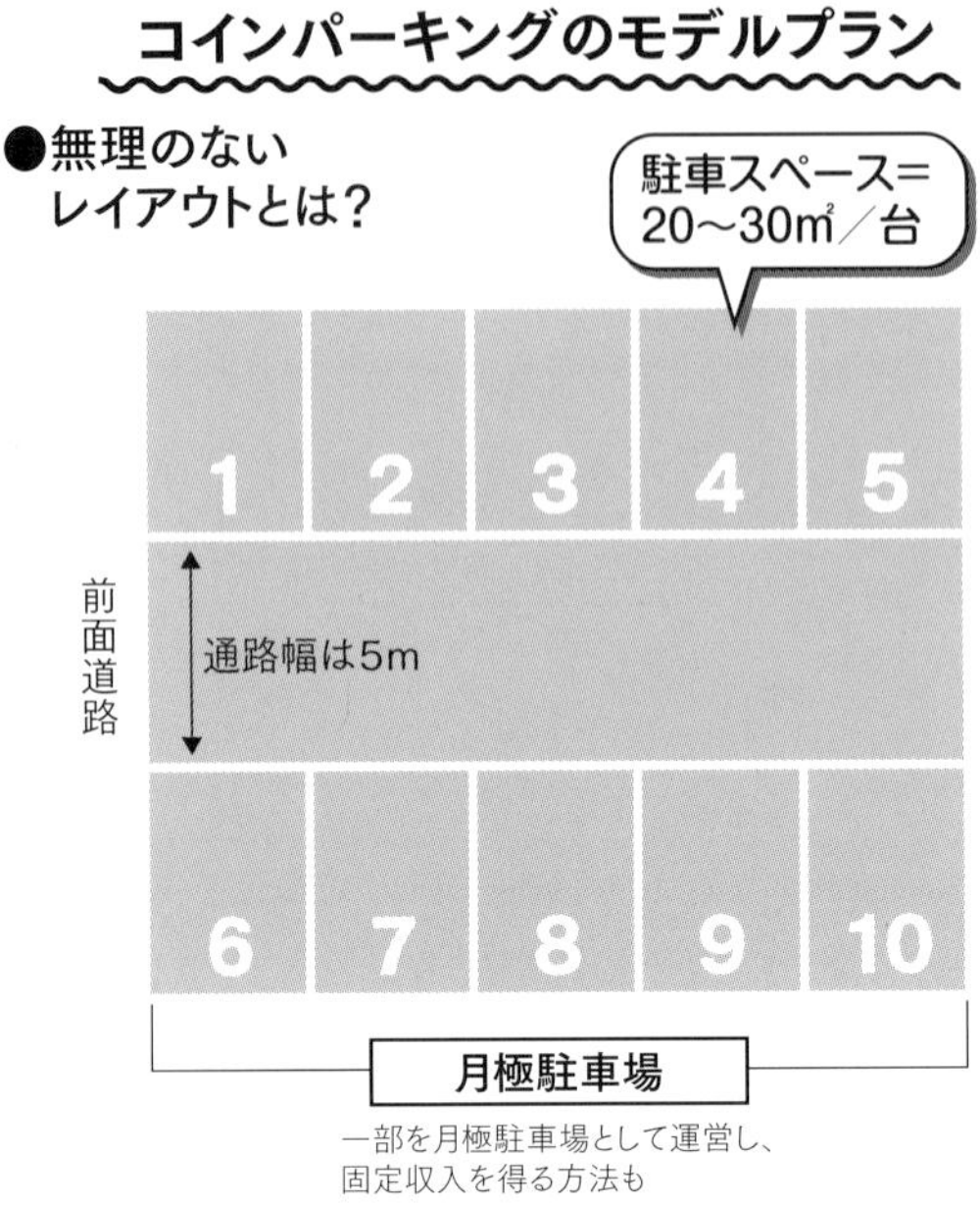

一部を月極駐車場として運営し、
固定収入を得る方法も

◎事業化するメリット

コインパーキング経営の大きなメリットは、まず初期投資が少なくて済むことが挙げられます。経営形態や規模によっても変わりますが、更地をアスファルト舗装するなら5000円／㎡前後。10台程度を収容する場合、車止めや料金収受機などの設置工事費、看板・照明などのオプションの経費として400万円〜、また場合によっては歩道の切り下げ工事（30万〜50万円程度）などが必要になりますが、賃貸住宅のように多額な借入れは必要ありません。

また、土地の広さは、車1台に対して5坪もあれば十分とされています。2〜3台の車を駐車できる

月極駐車場とメリット・デメリットを比較

	メリット	デメリット
コインパーキング	●必要な設備を購入するかリースして、自主運営も可能 ●稼働率が上がるほど、収入も上がる ●狭小地、変形地でも立地次第で経営が成り立つ	●更地にするだけでなく、舗装が必要 ●未払いや、夜間の騒音などのトラブルが起こりがち ●土地面積しか活用できないため、土地の利用効率が低い
月極	●設備機器を導入する必要がなく、低予算でOK ●更地にすれば、砂利地でも経営可能 ●賃料は先払いのため、未払いは起こりにくい ●一度契約すれば継続して利用してもらえる	●契約が取れないと収入が安定しない ●立地がよくても、狭小地や変形地では集客しにくい ●違法駐車、ごみの不法投棄などのトラブルが起こりがち

広さがあり、車の出入りがスムーズにできれば、コインパーキングの経営は可能です。また**変形した土地であってもレイアウト次第**で利用できます。

さらに、事業開始までの準備が短期間で済みます。建物の解体を行う場合、解体から舗装して設備の設置まで1カ月程度。また、すでに舗装されていて設備の設置だけでよい場合は、半月程度もあれば、いち早く土地を活用することができます。

◎経営上のデメリット

経営上のデメリットとしては、**土地の利用効率が低い**ということが挙げられます。平面式駐車場は土地の面積しか活用できないため、同じ土地を延べ面積で大きく活用できるマンション経営などに比べると収益力はかなり落ちる傾向にあります。

それだけに、自主運営は可能ですが、継続していく経験や自信がない場合、専門業者に経営委託する方法がいいでしょう。

将来性については、コインパーキングのスペースを活用したカーシェアリングも注目されるようになっています。2017年3月現在で、車両ステーション数は約1・3万カ所、会員数は約108万人。今後のコインパーキングにとって集客の目玉となる可能性もあるでしょう。

◎事業化の注意点と対策

収益力は立地によって大きな差が出ます。たとえば、設置台数が10台で、料金設定を時間帯により30分200円（8～24時）と、60分100円（24～8時）として、平均的な稼働率35％の場合、年間売上高は907万円程度になります。

この収益力をいかに上げるかは、自分の土地がコインパーキングの**立地条件に合っているかを判断し、いかに稼働率を高められるか**にかかっています。

集客が見込める立地としては、たとえば路上駐車が多く駐車違反の取り締まりが厳しい場所か、繁華街があり周辺に飲食店が多いか、などの周辺環境によって差が出ます。

また一般に、月極駐車場もコインパーキングも同じようなものと思うかもしれませんが、それぞれに向いた立地があります。その違いを簡単に見てみましょう。

まず、月極駐車場に向いているのは、都心より郊外で、マイカーや人通りが多く、あまり道が狭くない場所。駐車場があっても収容台数の少ない集合住宅の近くなどでの需要が多くなります。

一方、コインパーキングに適しているのは、都心に近い住宅地あるいはオフィス街です。また、車でアクセスする人が利用することの多い、病院や大型商業施設の近くで稼働率が高くなる傾向があります。

◎実務のポイント

コインパーキングは狭い土地であっても事業化できますが、大切なのは稼働率を高めるためのポイントを押さえておくことです。まず、その**土地に最適なレイアウトになっており、入りやすい動線が確保されていること**が前提になります。

遠くからでも利用客の目につきやすい、集客に結びつく看板も重要なポイントです。また、入りやすさが考慮されていないと利用客に敬遠されがちです。気持ちよく利用してもらえるよう、つねにきれいな状態を維持していかねばなりません。

そして、よくあるトラブルとして注意したいのは、「請求金額が表示と違う！」という料金に関するものです。駐車時間が24時間を超えた場合など、わかりにくい料金体系が原因になりがちなので、ひと目で把握できる表示にすることが大切です。

自主運営のイメージ

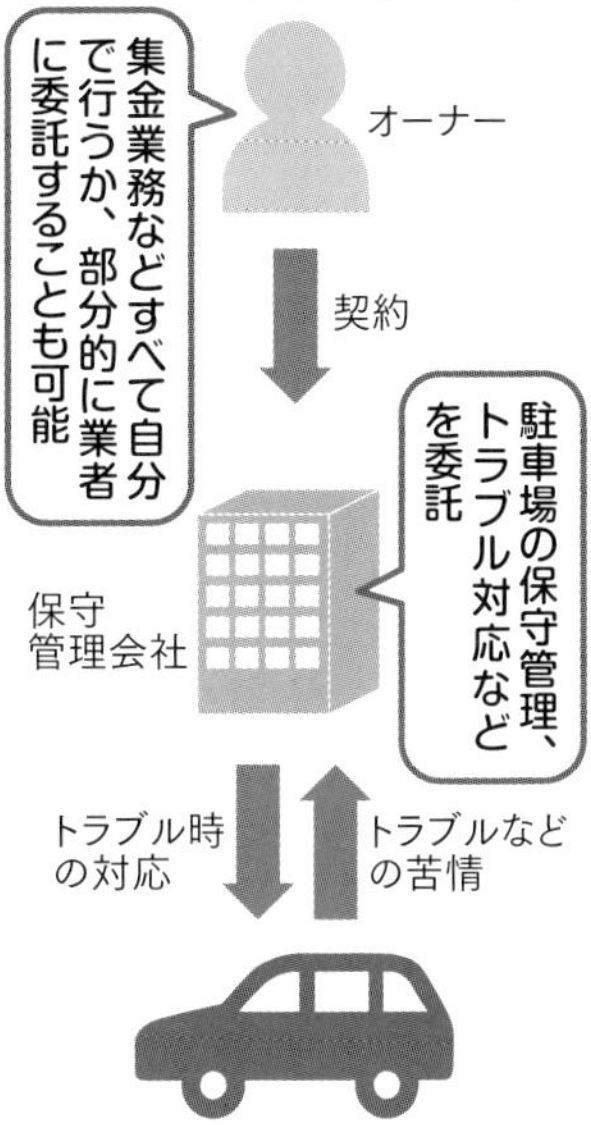
集金業務などすべて自分で行うか、部分的に業者に委託することも可能
オーナー
契約
駐車場の保守管理、トラブル対応などを委託
保守管理会社
トラブル時の対応
トラブルなどの苦情

コインパーキング経営の初期費用

	工事内容	費用	10台収容する場合（約200㎡）
舗装	アスファルト舗装	4,000～5,000円/㎡	80万～100万円
舗装	コンクリート舗装	7,000～8,000円/㎡	140万～160万円
工事	区画ライン	5,000円/台	50,000円
工事	歩道の切り下げ	-	30万～50万円
設備	車止め	6,000円/台	60,000円
設備	ロック式	精算機：100万円 フラップ板：15万円/台	250万円
設備	ゲート式	精算機、遮断機：400万円	400万円

アスファルト舗装のロック式コインパーキングにする場合は、合計370万円程度は必要に！

初期投資が高く、競争が激化するなか経営者としての努力が必要！

空き家で実現する「事業図鑑」……コインランドリー

コインランドリーのモデルプラン

●12坪の場合のレイアウト例

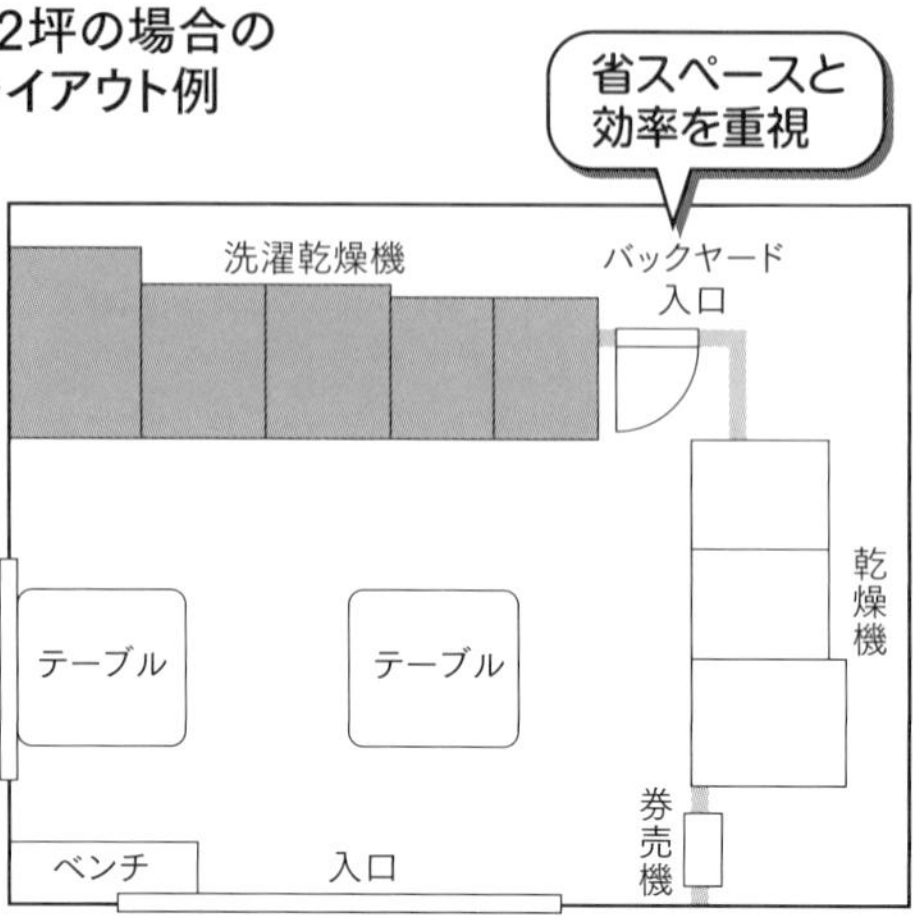

POINT 20坪程度あればスニーカーや布団用の設備も！

◎事業化するメリット

コインランドリーの店舗数は１９９７年から20年で倍増。業界誌の推計では２０１７年度で約２万店が顧客獲得の競争をしています。大型洗濯機で布団や毛布を丸洗いしたり、高温乾燥はアレルギー対策にもなることなどから、主婦層のニーズが拡大。そのため個人が投資ではじめることも多い事業です。

そんなコインランドリーの開業資金の相場は１５００万〜２０００万円程度。その内訳は１０００万〜１３００万円は洗濯機、乾燥機など、設備機器の購入費用。５００万〜７００万円は内装や給排水、電気などの工事費用です（建物代は別途

コインランドリー経営の特徴とトレンド

	メリット	デメリット
特徴	●無人営業ができるので、常駐したり従業員の必要がない ●ＦＣ加盟でも、自営でも営業が可能 ●地域の需要によって収益を増やせる ●いろいろなサービスを追加するなど、独自の店づくりができる	●用途地域によって出店できないケースがある ●洗濯機、乾燥機などの導入のための初期投資が大きい ●機器の取り扱いを熟知する必要がある ●維持管理、クレーム対応をする手間がかかる
トレンド	●通常の設備機器のほかに、布団の丸洗い、スニーカー用の洗濯機があると喜ばれる ●主婦層のニーズが広まっていることで、店内のセキュリティ面での対応が求められる ●カフェや地域のコミュニティなどに併設されることも増えている ●店内は清潔感、高級感のあるイメージに ●時間帯によって有人サービスをするなど、さまざまな利便性をウリにする店舗も	

必要になります）。

後述するように、副業というより一経営者として取り組むべき事業規模ですが、**成功すれば利益も大きくなるのが魅力**といえます。そのメリットとして、よく専門業者はランニングコストの安さを強調しがちです。実際はどうでしょうか？

電気、ガス、水道代など光熱費は、売上の約30％が目安とされています。たとえば、店舗面積が10～15坪（洗濯機3～4台と乾燥機7～8台）の店舗の場合、平均的な月間売上は60万円程度として、光熱費は18万円、雑費が2万円程度かかったとして、月に40万円は粗利として残ります。ただし、光熱費は売上が上がるに伴ってかかりますし、夏場の出費が馬鹿になりません。

とはいえ、無人店で人件費をかけない経営形態もあり得ますし、**立地のよい場所でさえあれば、コインランドリーは投資額の早期回収が期待できそう**です。また、小規模な土地でも開業できることから、空き家活用向きの事業の一つといえます。

なおコインランドリーの開業にあたっては届出だけでよく、クリーニング店のように国家資格を必要としませんし、衛生基準を満たしているか否かの検査は義務付けられていないのも参入しやすい点です。

◎事業化するデメリット

最大のデメリットは、前述したように初期投資が高いことです。また、導入する設備の多さから、一度開業すると移転や拡大は容易ではありません。一般的に、固定客がつくまで1~2年かかることもあるので、経営が安定するまでが勝負になるようです。

そして、コインランドリーは**都市計画法と建築基準法の規制から工場扱いになることが多く、住宅地での出店が制限される**ケースもあります。

さらに、さまざまなトラブルが起こる可能性についても対応が必要です。近年は、店内の様子が外からよく見えるようガラス張りにしたり、照明を明るくするなどの店舗づくりも行われています。

◎事業化の注意点と対策

利用客のニーズを取り込んだ多様化も進んでいます。地方では広い駐車場を整備したり、カフェなど他業種とコラボをしたり、大手コンビニエンスストアに併設されたりするようにもなっています。

しかし実際は **〝立地が物をいう商売〟という声も**あります。FC加盟した場合でも黒字化せず、業者の事前予想より高い経費が、ボディブローのように効いてくるというのが実態のようです。副業でもできると軽く考えないことが大切です。

それだけに、単に立地のよさに頼っているだけでは不十分といえます。たとえば、周辺地域にチラシを配布したり、有人サービスを行う時間帯を設けたりといった、地道な経営改善に取り組むことも必要になるでしょう。

◎実務のポイント

コインランドリーの利用客は、おもに洗濯物を持ち込みやすい近隣住民です。**通行量が多いからといって、洗濯機の数を増やしただけでは収益につながらなくなっています。**競合も増えていますから、さまざまなニーズに対応できる差別化も求められます。

たとえば、洗濯が終わったものを畳んだり、洗濯物の集配を手がける店舗も登場しています。また、洗濯が終わると利用客にメールで通知するなど、利用客の利便性を高めるサービスが人気です。

以上のようにコインランドリーは、施設さえつくれば自動的に利益が上がるようなものではありません。今後、空き家が増えてくれば、さらに競争が激しくなると考えておいたほうがいいでしょう。

平均的な収入は？

1カ月の売上が60万円の場合

●水道光熱費
18万円程度

●洗剤など雑費
2万円程度

合計　**40万円**程度

ただし、夏場は光熱費がかさんだり、機器の維持費がかかるので注意!

コインランドリー経営の初期費用

舗装		内訳	店舗の広さ 30〜50㎡の場合
建物	プレハブ代	確認申請費用含む	約300万〜450万円
	基礎	-	約90万〜150万円
工事	内装など	看板工事	約700万円
		ダクト工事	
		電気工事	
設備	洗濯機	3〜4台	約1,300万円
	乾燥機	7〜8台	

10〜15坪の店舗の平均的な月間売上は60万円程度。売上の約30％が光熱費となり、約40万円が粗利として残る!

法律面での煩雑さはあるが少ない初期投資で早期回収が可能！

空き家で実現する「事業図鑑」……トランクルーム

トランクルームのモデルプラン

●約80坪の土地にコンテナ9基を設置

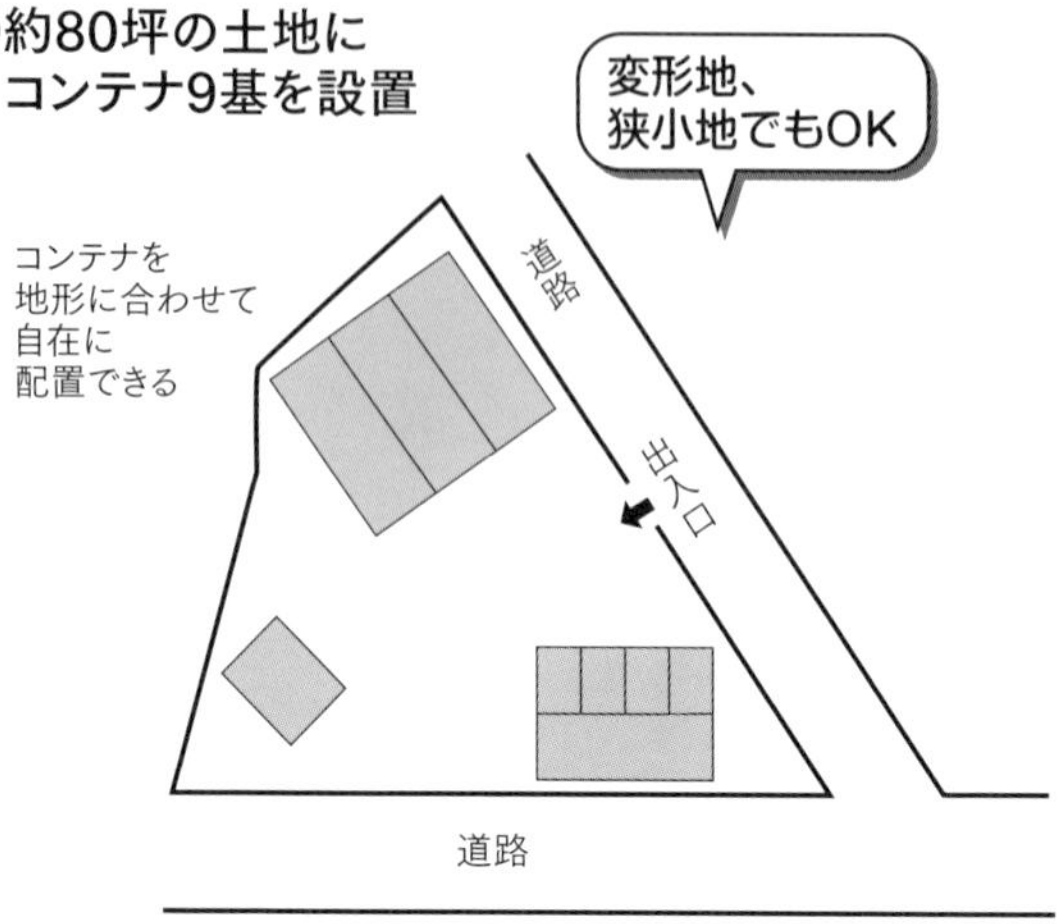

POINT 必要な広さはコンテナ1基に対して20 ～ 25㎡程度

◎事業化するメリット

整地した土地に専用のコンテナ型の収納庫を設置して、物置やクローゼット代わりに貸し出すのがトランクルームです。現状では認知度は低いものの、業界紙の推計によると２０１９年の市場規模は10年前の倍増となる６００億円を突破する見込みです。

後述するように、個人用の需要は高まっており、**セキュリティや顧客目線のサービスが加われば、より需要は増していく**ものと考えられています。

収納の形態としては屋内型と屋外型の2種類がありますが、前者は空きビルを使うのが通常。空き家を活用するなら、更地にしてコンテナを設置するの

トランクルーム経営の特徴とトレンド

	メリット	デメリット
特徴	●一般的に利回りが高いといわれ、長期にわたって収益を上げやすいといわれている ●ガスや水道を使わないので経費がかからず、居住用のような修繕は不要 ●変形地など、条件の悪い土地でも運営できる	●比較的新しいサービスで認知度は低い ●集客手段が限られサポートは少なめ ●コンテナを設置すると家屋扱いになるため、税制面でのメリットはない ●法律上の手続きが面倒で、手間がかかる
トレンド	●現状では経営者が少なく、とくに都市部では収益が見込まれやすい ●主要都市圏を中心に、捨てられない荷物の保管用レンタルスペースとして需要は高まってきている ●屋内型の「レンタル収納スペース」など、収納ビジネス全体の市場規模は拡大傾向にある ●コインランドリーやカフェにトランクルームを併設した複合店舗も登場している	

が一般的です。必要になる広さとしては、駐車場と合わせてコンテナ1基に対して20～25㎡程度です。コンテナの費用は1基につき50万～100万円程度。そのほかにコンテナの設置工事の費用としてコンテナ1基に30万円程度がかかります。仮に150㎡の土地に1基80万円のコンテナを6基設置すると、初期費用は約750万円になります（171ページの図表を参照）。

アパートやマンション経営ではどうしても初期費用が高額になりますが、トランクルームは比較的、初期費用が少なくて済みます。また、**ランニングコストもかからないため、長期にわたって収益を上げやすい**のが大きな魅力です。

◎事業化するデメリット

コンテナを設置すれば簡単にはじめられる事業の一つですが、税制面でのメリットがないことに注意しましょう。コンテナを設置して継続的に使用すると家屋扱いになるため、住居に対する固定資産税がかかるうえに優遇措置はありません。

また、法律上の手続きが面倒な面もあります。**運輸局への事前相談や、各種審査を経て国土交通省への登録が必要**になります。さらにコンテナを設置する際、建築確認申請が必要となり、住居専用地域では原則として認められません。

逆にいえば、用途地域さえクリアすれば、アパート経営には向かないような立地でも、安定した収益を得られる可能性があるといえます。

◎営業のポイント

アパートやマンション経営の利回りは5～10％程度で、投資回収も10～20年ほどかかるのに対し、トランクルーム経営の利回りは低くても10％、平均で20％前後といわれています。

失敗しない経営のポイントとしては、**いかに稼働率を上げるかが重要**になります。近くに業者が運営しているトランクルームがあれば、どれくらい利用されているか確認しておきましょう。

近隣にマンションや住宅が多いようならファミリー向けの大型の収納スペース、またオフィスや事務所が多いエリアなら、伝票や備品などの保管に向いた中小型の収納ニーズが高くなります。

◎実務のポイント

自営する場合は、コンテナの調達や設置、建築確認申請など、開業準備から運営管理まで、すべての業務を行わなければならず、**事業開始まで1～2年かかることも**あります。そのため、コンテナをリース契約にするなどのリスク軽減策を検討しておいたほうが無難といえます。

注意したいのは、予測されるトラブルを回避することです。賃貸経営ほどではありませんが、滞納があった場合も想定しておきましょう。督促や回収できなかったときの手続き、置き去りにされた荷物の処分など、手間も時間もかかります。

その対策としては契約時に保証人をつける、滞納した際の延滞金、連絡が取れなくなった場合の荷物の処分方法など、契約書で取り決めを交わしておくことが大事です。

また、トランクルームを設置したことで騒音やごみの不法投棄など、利用客や近隣からクレームが来ることもあります。**周辺環境への配慮や、設置場所の環境維持も重要なポイント**になります。

オープンまでの流れ

STEP 1 事業計画

集客が可能かどうかや、収支計画を作成し、収益予測を立てる

STEP 2 コンテナ発注・設置工事

コンテナの配置プランを作成。初期費用の検討や広告宣伝の戦略を立案

建築確認申請

基礎がなかったり、基礎がコンテナと緊結されていない。多段積みでコンテナ相互が接合されていない場合などはNG

STEP 3 賃貸スタート

看板、チラシ、のぼりなどを揃えて事業開始。運営会社に定期巡回サービスを委託する方法もある

トランクルーム経営の初期費用

舗装		内訳	150㎡の土地にコンテナ6基を設置する場合
建物	コンテナ代	80万円/台	480万円
工事	コンテナ設置	30万円/台	180万円
	舗装	-	80万円
設備	看板	-	10万円
		合計	750万円

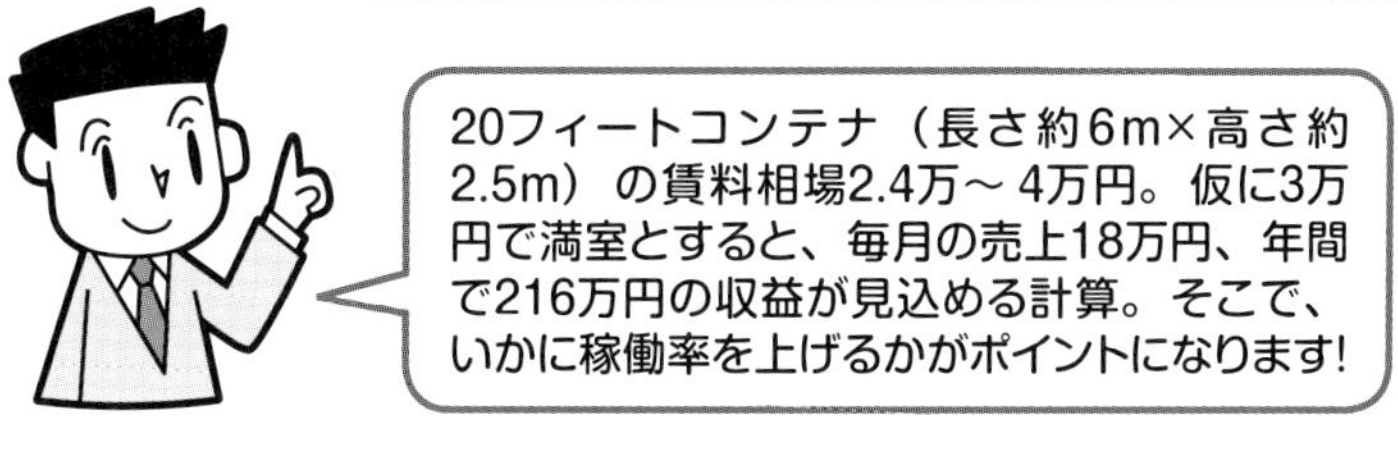
20フィートコンテナ（長さ約6m×高さ約2.5m）の賃料相場2.4万～4万円。仮に3万円で満室とすると、毎月の売上18万円、年間で216万円の収益が見込める計算。そこで、いかに稼働率を上げるかがポイントになります!

10 滞納、空室などのリスク回避には管理会社に任せたほうがベター

空き家で実現する「事業図鑑」……アパート経営

◎事業化するメリット

空き家率の増加と人口減少が続くなか、アパート経営の難しさは否めません。しかし、これから10～20年の間に、バブル期の賃貸物件が取り壊されるようになり、**新築賃貸住宅の需要が増えることも予想**されています。国土交通省の「建築着工統計調査報告（平成30年度）」によると、2018年度の貸家の建築数は39万6404戸と増加傾向にあります。なかでも単身者向けのアパート経営に注目する投資家も少なくありません。

初期費用の大部分を占める建築費の目安は、木造で坪単価40万～60万円、鉄骨造で坪単価60万～80万

木造アパートのモデルプラン

●安定収入を得られるポイントは？

POINT 上記のほかに、「時代のニーズへの対応」「修繕費を確保すること」なども大切！

アパート経営と一戸建て賃貸の比較

	メリット	デメリット
アパート経営	●固定資産税、都市計画税などの節税効果が期待できる ●必要経費を計上できるので税金が戻ってくる ●賃貸で運用する際、一戸建てより築年が新しく、客付しやすい	●空き家率が増加するにつれ、借り手がつかないおそれがある ●収益が得られないと、初期投資したぶんの返済が難しくなる ●入居者の家賃滞納が続くと、経営自体に影響を及ぼすことに
一戸建て賃貸	●家を手放さずに活用できる ●立地によって家賃相場は異なるが、借り手がいれば毎月家賃収入がある ●誰も住まない状態よりも、一般に建物が劣化しにくい ●資産としての不動産を維持することにより、将来は自分が住むという選択も可能に	●賃貸契約を結んだ時点で、大家としての責任が発生。不具合があれば修繕費が必要に ●借り手が変わるごとに原状回復し、室内をきれいにリフォームする必要がある ●家賃収入の管理や確定申告など、経理や事務処理に伴う労力がかかる

円、鉄筋コンクリートで坪単価70万～100万円程度です。また、**用意する自己資金の目安は、おおよそ物件価格の1～2割程度**ですが、安定した経営のために3割程度は確保するのが一般的です。自己資金が少なすぎるとローンが通りにくくなりますし、のちのキャッシュフローにも影響します。

ただし、土地を所有していればローン審査のハードルが低くなるうえ、税制上でも有利です。実際に自己資金300万円程度からアパート経営をはじめる人も少なくありません。

アパート経営の大きなメリットで見逃せないのが**節税効果**です。たとえばサラリーマンなら、給与所得を得ながら家賃収入も得られ、なおかつ不動産投資にかかった経費を計上することで税金が戻ってくるので、結果的に年収はグンとアップする可能性があります。

ただし、一部の不動産投資会社によるサブリース問題などもあり、資金を借り入れて事業をはじめる際はかなり慎重な判断が必要になります。

◎事業化するデメリット

アパート経営の将来性を考えるにあたって、見過ごせないのが**空き家率の上昇**です（15ページ参照）。空き家率が高くなるということは、賃貸住宅では部屋が埋まりにくいことを意味します。つまり家賃収入が見込めず、アパート経営が困難になってしまいます。

そして、もう一つの大きなデメリットは想定していた家賃収入が得られないことです。**収益が得られないとローンの返済が難しくなり**物件を手放さなければならなくなったり、売却できずに自己資金を投入し続けなければならなくなったりすることもあります。

さらに空室以上にリスクとなるのが、入居者の**家賃滞納**です。滞納があったからといって、法的には入居者を即退去させることはできません。つまり、滞納が続いている間は家賃収入が途絶えるだけでなく、新たにほかの人へ貸し出すこともできない状態となります。もし長期化すると、経営自体に影響を及ぼすことになりかねません。

◎営業のポイント

アパート経営では、いずれ**建物の老朽化により予想よりも大がかりな修繕費がかかる場合**があります。たとえば、事業開始当初から家賃収入の数％を修繕費用に確保しておかなければ、想定外の出費に対応ができず破綻してしまうことになります。

また、競争力を維持していくために**時代のニーズに合わせていくこと**も必要です。たとえば、セキュリティシステムの導入や宅配ボックスの設置、無料のＷｉ‐Ｆｉ設備など、アパートの競争力を高めるためにも、数年ごとに設備を見直すなど、つねにアンテナを張り、対応していくことが今後のアパート経営には欠かせません。

◎実務のポイント

アパート管理を自分でやることは可能ですが、失敗を招くリスクが高くなります。なぜなら、ノウハウが不足していて迅速な対応が難しいからです。とくに、**滞納についてはできるだけ早く兆候をキャッチ**し、適切な対応をしなければ問題は長期化します。

また、トラブル時の対応が遅い場合や改善が見込めない場合は、現在の入居者離れを引き起こし、入居率の低下につながります。経営失敗リスクを下げるためには、トラブルが発生したときに迅速に対応できる、信頼度の高い管理会社を選ぶことも重要です。

アパートローンの借入先

①建築会社の紹介

施工を任せる建築会社に金融機関を紹介してもらうと、提携ローンが使えることも。メリットは金融機関を探す手間が省けること。審査が通りやすいが、不利な条件を提示されるケースあり

②公的ローン

日本政策金融公庫など。低金利だが、融資期間が短くなる傾向があり、返済負担が大きくなることも

③民間の住宅ローン（賃貸併用住宅の場合）

公的ローンは自己住居部分の融資に限定されるが、賃貸部分も融資対象にできる銀行もあり、手間が省ける。一般の住宅ローンよりは条件が厳しくなる傾向

木造アパート経営の初期費用

	工事内容	費用	土地面積が200㎡以下の場合
建築費など	物件建築費	50万円/坪（約3.3㎡）	3,000万円程度
	設計料	建築費の5％程度	150万円程度
	外構工事費（門、フェンスなど）	建築費の10％程度	300万円程度
税金など	不動産取得税・登録免許税	それぞれ3％、0.4％の軽減措置あり	150万円程度
	印紙税、司法書士報酬など	物件価格の6～9％程度	18万円程度
	固定資産税	6分の1に軽減	12万円程度（評価額5,000万円の場合）
	都市計画税	3分の1に軽減	5万円程度（評価額5,000万円の場合）

※詳細は所轄の税務署、市町村税事務所などで確認してください

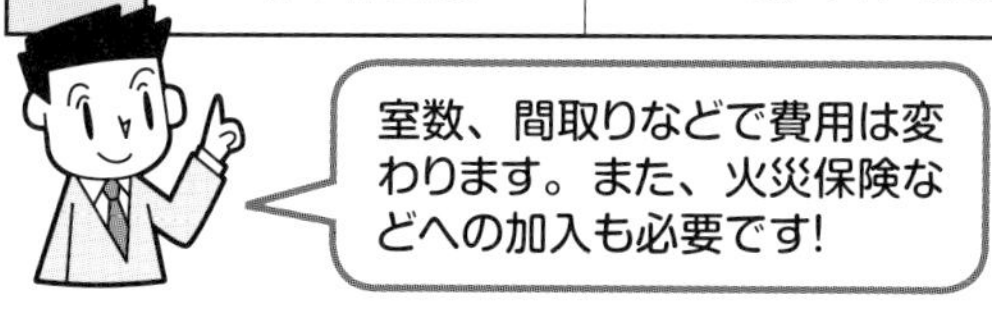
室数、間取りなどで費用は変わります。また、火災保険などへの加入も必要です！

11

味わいと雰囲気を生かして継続的に集客できるかがポイント

空き家で実現する「事業図鑑」……**古民家カフェ**

古民家カフェのモデルプラン

●内装工事をDIYで低コストに抑える例

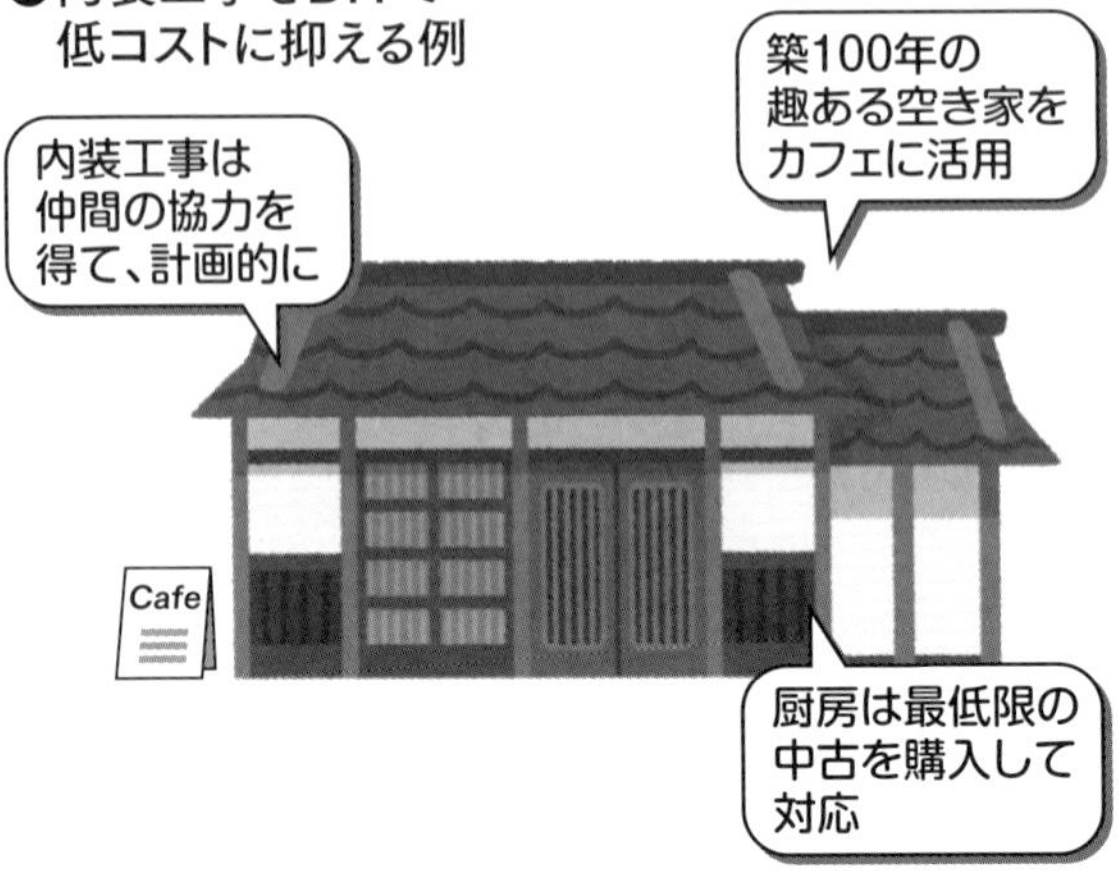

築100年の趣ある空き家をカフェに活用
内装工事は仲間の協力を得て、計画的に
Cafe
厨房は最低限の中古を購入して対応

POINT　DIYできるところを明確にすることが大事。工事に着手するまでの流れは179ページを参照

◎事業化するメリット

古民家カフェは、近年はおしゃれな店づくりのスタイルとして人気を得ています。趣のある内外装、木の温もりなど、ゆったり過ごしたくなる雰囲気はカフェならではでしょう。

「京町家」という古民家ブランドを生んだ京都では、観光資源の一つにもなっています。

事業化する初期投資はケースバイケースですが、たとえば、客席をDIYして費用を抑えつつ、味わいを演出したり、本格的な厨房設備がなくても**家庭用の厨房機器で開業することも可能**です。

そして、少ない資金しかない場合でも、古民家カ

古民家カフェ経営の特徴とトレンド

	メリット	デメリット
特徴	●お金をかけずに味わいのある物件を再利用できる ●趣ある雰囲気をウリにして、カフェ好きにアピールできる ●自治体によっては古民家再生事業の一環とする補助金を利用できることも	●木組が歪んだり、冬場の光熱費がかさむなど、維持管理の手間がかかる ●営業許可申請の際、厨房の設備基準を満たすために改修工事が必要になることも ●競合が増えており、独自の魅力的な店づくりが欠かせない
トレンド	●京都の町家を生かしたカフェのように、観光資源としても注目されるケースが増えている ●料理は地元産の有機栽培野菜を使うなど、健康志向をアピールしたものがウリになる ●イベント開催など、カフェ利用客以外の人を集めるための演出も ●異業種とのコラボや地域コミュニティの核となるような人とのつながりなどを重視する動きが見られる	

フェならではのメリットに官民からのフォローが挙げられます。

自治体の支援事業としては、とくに古い町家の維持・継承を目的とする事業をはじめる場合、外観の修復や内部の改修工事などに対して補助金が受けられます。

たとえば、石川県金沢市では、空き家を住まいとして改修する場合、外部修復工事や内部改修・内装改修工事に補助率50％、そして限度額150万円の補助を事業の一環として行っています（同様の支援事業は、広島県尾道市、福岡県大牟田市などでも実施しています）。

また民間の動きも盛んになっており、**空き家活用の業者と連携するケース**も増えています。地元クリエイターらに協力してもらうなど、業種をまたいで個性豊かな町づくりを行うものです。開業希望者に任せる形になりますが、空き家を業者に登録しておけば、物件ごとに活用プランが提案され、気に入ったプランを採用することができます。

◎事業化するデメリット

もちろん、どんな空き家でもカフェに再利用できるわけではありません。近年はコンビニの100円コーヒーをはじめ、大手FCなど競合が多く、新規参入カフェの廃業率も高くなっています。

開業の際、まず必要になるのは**保健所への営業許可申請**です。構造や設備が決められた基準を満たす必要があります。とくに築100年近いような古民家の場合、厨房の衛生面での検査をクリアするとなると、水回りや電気設備の改修工事が必要になる場合も少なくないでしょう。

商売を継続するうえでデメリットになるのは競争が激しいことです。カフェ経営は参入障壁が低いこともあり、競合店が出現しやすいのです。古民家カフェも増えているので、既存店に勝る魅力ある店づくりが欠かせません。

◎営業のポイント

空き家を再利用する場合、**どこにお金をかけるかが大きなポイント**になります。内装をガラリと変えてしまう方法もあれば、元の家のつくりのよさを生かす方法もあります。近年は、家の構造やつくりなどを踏まえて、カフェの一部にシェアハウスやシェアオフィスを併設しているケースなども増えていますので、参考になるでしょう。

◎実務のポイント

古民家カフェの実務でポイントになるのは**維持管理**です。とくに大きな空間の古民家では空調が効きにくく電気代が想像以上にかかったりします。電気容量が足りない場合は工事が必要になり、費用も馬鹿になりません。また埃がたまりやすい、すきま風が入るなど、日常的な手入れが欠かせないことも念頭に入れておきましょう。

古民家カフェに限りませんが、リピーター客の獲得や、他店との差別化は欠かせません。フードメニューには無農薬野菜、コーヒーはこだわりの豆を使うなど、いかに質のよいものを仕入れられるかがポイントになります。

　そして、リピートしてもらうためには、利用客を飽きさせない工夫も必要です。カフェに**多くの人を集めて、イベントを開催するコミュニティのような役割**も果たすようになっています。

DIYに着手するまでの流れ

①工事内容の洗い出し
内装会社に相談し、工事内容を打ち合わせる。それまでに図面を用意して、意図を提示できるようにしておくこと

②見積もりをもらう
打ち合わせを行ったら、開業までの期間内に、自分の予算でどこまで工事が可能か確認し、見積書をもらう

③業者に依頼する
見積書を検証しながら、業者に依頼するものと、DIYできるものを明確に分ける。電気・ガス工事などはプロに一任

④DIYに着手
できれば仲間に声をかけて、協力してもらえるか確認する。天井や壁塗りだけでもコストを抑えることができる

ある古民家カフェの初期費用

		内訳	築100年の家を低コストでカフェに再利用する例
工事	内装工事	おもに材料費。経験者のアドバイスを受けつつ、仲間と一緒にDIYで施工	10万円
	電気・ガス・水道工事	専門業者に依頼	15万円
設備・備品など	インテリア	椅子、カウンターなどは、安価な材でオリジナルものを製作	5万円
	備品	看板、食器類など	10万円
	厨房設備	2漕式シンク、フリーザー、コーヒーマシンなど、中古を揃える	70万円
		合計	110万円

内装工事費、インテリア、厨房設備費などはケースバイケース。一般的なカフェの内装工事を専門業者に依頼する場合、坪単価は20万～40万円。DIYは予算を抑えることができるが、工期が長引きやすいので注意が必要です!

12

規制緩和により、空き家を宿泊施設に利用できるチャンスが拡大

空き家で実現する「事業図鑑」……民泊

◎事業化するメリット

民泊とは、一戸建て住宅や分譲マンションなどの民家を活用して、全体または一部を宿泊施設として提供するサービスを指します。

従来は、不特定多数の利用者に対し、有償で宿泊施設として提供する場合、「旅館業法」の許可が必要でした。民泊新法が施行される前に行われていた特区民泊以外の民泊は、旅館業法の許可を得ていない限り違法な状態だったのです。

それに対して、２０１８年６月に「民泊新法」が施行されてからは、**届出を行えば民泊は合法的に営業できる**ようになりました。おもな利用客は外国人

民泊のモデルプラン

●民泊の対象となる「住宅」とは？

所有者が居住している住宅以外にも、空き家・空き室・別荘も含まれる
「台所」「浴室」「トイレ」「洗面設備」の4つが設けられていること

POINT 対象住宅には、転勤により一時的に本拠を移しているが、将来的に再度居住する空き家。相続で所有し、将来居住を予定している空き家なども含まれる

民泊経営の特徴とトレンド

	メリット	デメリット
特徴	●民泊新法の施行により、届出を行えば合法的に営業できる ●新たにスプリンクラーなどの消火設備を設置する必要がなくなり、設備投資が抑えられる ●転勤などで一時的に空き家になる場合でも営業ができる	●分譲マンションでは民泊禁止を定めるケースが増加している ●衛生面や安全面でのトラブル対策が欠かせない ●「家主不在型事業者」は、住宅宿泊管理業者への管理の委託が義務付けられる
トレンド	●民泊仲介サイト最大手のAirbnbの調査によると、2018年上期の予約状況で東京が世界1位、大阪が3位。国内の伸び率では大分がトップに ●Airbnbの同じ調査によると、とくに「自然の中のロッジ」や、「日本の旅館」の予約数が増加。快適性に加えて、素朴でユニークな民泊にも人気が集まっている ●国内の利用客には農林漁業が体験できるグリーンツーリズムなど、古い農家に宿泊できる「農家民泊」なども人気	

観光客ですが、日本人も多く利用しはじめています。国内の利用客には、農林漁業が体験できるグリーンツーリズムなど、古い農家に宿泊できる「農家民泊」なども人気です。

なお従来は、仮に旅館などが建てられるエリアであっても、住宅をホテルや旅館として用途変更するためには新たにスプリンクラーなどの消火設備を設置する必要があり、設備投資にも許可を得るためにも障害となっていました。

しかし、住宅宿泊事業として使う建物であれば、このような設備投資も不要になっています。**台所、浴室、トイレ、洗面設備の4つ**が設けられていれば、大がかりな改修を行わなくても、一般的な住宅で民泊営業をはじめられます。そのため今後は、空き室や空き家を活用し、民泊を副業とする人が増えてくることが予測されています。

たとえば、転勤により一時的に生活本拠を移しているが、将来は再度居住するために所有している空き家。また、相続により所有しているが、現在は常時居住しておらず、将来的に居住することを予定している空き家などでも民泊の経営が可能です。

◎事業化するデメリット

民泊は、衛生面や安全面を含めて、事前にさまざまなトラブルに巻き込まれる可能性を理解しておく必要があります。また、衛生面と安全面のリスクに関しては、民泊新法の議論の当初から最大の課題です。

そこで民泊新法では、とくに「家主不在型」の住宅宿泊事業者に対しては、国土交通省に**登録された住宅宿泊管理業者への管理の委託が義務付け**られています。委託された住宅宿泊管理業者は、衛生管理のアドバイスや宿泊者名簿の作成、備付を行います。

ただし、それだけでは、衛生面と安全面の問題を完全に解決しているとは言い切れません。空き家を民泊にするということは、衛生面と安全面にリスクを抱えることにつながることを十分に認識しておきましょう。

◎営業のポイント

民泊の届出は、都道府県知事に対して行います。届出は、次ページ上の図表のように「家主居住型」、または「家主不在型」のどちらかで、それぞれ義務付け内容が違う点に注意が必要です。

なお、民泊新法の施行に先駆け、**多くの分譲マンションでは管理組合が自主的に民泊禁止を管理規定で定める**という動きが見られるようになっています。また、管理規定に民泊禁止を明記していなくても、民泊を行うにあたり、管理組合の承諾を必要とするマンションも少なくありません。

マンションで民泊を行う場合には、管理組合や賃貸人とのトラブルを避けるために、管理規約や契約書を十分に確認してから行うようにしましょう。

◎実務のポイント

民泊にはさまざまな運営スタイルがあります。事業として運営する場合は目的や立地、物件の条件などに応じて最適な運用方法を選択しましょう。もっとも一般的なのが、**「住宅宿泊事業法（民泊新法）」「旅館業法簡易宿所」「特区民泊」**という3つのスタイルです（下の図表参照）。

この3つの方法にはそれぞれメリット、デメリットがあり、民泊をあくまで文化交流の一環としてやるのか、副収入を目的としてやるのか、それとも事業として本格的に取り組むのかなど、所有者の目的に応じてベストなスタイルを選択しましょう。

民泊新法の義務付け内容

●家主居住型事業者

- 衛生確保措置
- 騒音防止のための説明
- 苦情への対応
- 宿泊者名簿の作成・備付
- 標識の掲示

●家主不在型事業者

- 住宅宿泊管理業者への管理業務委託

なお住宅宿泊管理業者とは国土交通省に登録された業者で、委託を受けて衛生確保措置、騒音防止のための説明、苦情への対応、宿泊者名簿の作成・備付を行います

民泊の種類は法律で規定

	民泊新法	旅館業法	特区民泊
届出窓口	届出（オンライン）	営業許可（保健所）	認可（保健所）
要件	所定の書面（図面や利用権限を示すものなど）の添付	床面積が33㎡以上あること。ただし、定員が10名未満である場合は、定員数×3.3㎡以上	1居室25㎡以上。居室に台所、浴室、トイレ、洗面設備を有することなど
宿泊日数	1泊2日〜	1泊2日〜	2泊3日（大田区は6泊7日）〜
年間営業日数	180日以下（条例による制限あり）	制限なし	制限なし
実施可能エリア	全国	全国	東京都大田区、大阪市その他大阪府内34市町村、北九州市、新潟市

古い空き家でもはじめやすいが、用途・料金システムなどの情報提供がカギ

空き家で実現する「事業図鑑」……貸しスペース

貸しスペースのモデルプラン

●ニーズに合った利用例を提案

バラエティ豊かに!

イベント開催
手づくり市、マルシェなど

ウェディング
披露宴、宴会など

誕生パーティ
誕生会、平日のママ会など

ロケ・撮影会
映画、雑誌の撮影など

演奏会・展示会
楽器演奏、作品展示など

ワークショップ
料理教室、手芸教室など

研修・会議
オフィス代わりに利用

その他
勉強会、ヨガ教室など

POINT 利用プランとして、平日利用・1棟丸ごと・商用利用などの基本コース、料金設定に加え、各種オプションを追加できるようにしたい

◎事業化するメリット

貸しスペースはイベントやウェディング、企業のセミナー、会議など、さまざまな用途で需要があります。一戸建てを丸ごと貸し出すケースのほか、マンションの1室を貸し出す場合もあります。レンタル料は1時間あたり2000～5000円程度と幅広く、大人数で利用できる一戸建てなどは高い料金設定になる傾向です。

空き家ならではの大きなメリットとしては、**建物の築年数がニーズに影響しない**点です。利用客は住居ではなくサービスを提供する場所として使用するので、いかに内装や設備を整えられるかがポイント

貸しスペースとシェアオフィスのメリット・デメリット

	メリット	デメリット
貸しスペース	●立地に適したニーズを掘り起こしてサービス提供できる ●時間貸しの運用次第で高収益を生み、家の老朽化防止にも役立つ ●地域に活気を生み出すきっかけになることも	●安定した収入を得るには予約管理などの手間が多い ●防音対策、禁煙の徹底など、近隣への配慮が大切 ●光熱費などを見込んで、細かい料金設定をする必要がある
シェアオフィス	●多額なお金をかけずに貸し出すことが可能 ●長期的な利用を期待できるので、安定収入が望める ●個室を設けて、自由な働き方をしたい人のための場を提供できる	●立地と交通アクセスのよさがポイントに ●直接契約するよりも、不動産会社を介したほうがトラブル防止にはよい ●信頼性のある借り手かどうか、慎重に判断する必要がある

です。

たとえば、誕生パーティ会場として使ってもらう場合、キッチンが使えたり、電源やトイレが整備されている物件のニーズが高くなります。立地がよいに越したことはありませんが、それよりも**内装や設備をよい状態に保つことで事業として成り立つ**ケースがあるようです。また、リフォームなどに初期投資する資金がない場合は、あえてそのままで撮影用に貸し出す方法もあります。

ニーズが多いのはおもに都市圏ですが、必ずしも好立地ではなくても、中心地から1〜1時間半程度の郊外でも需要が望めます。

◎事業化するデメリット

自営する場合は、どんな活用ができるのか、**具体的な利用プランをホームページに掲載することで予約の確率が上がります。**そのためにはホームページの内容を充実させる必要がありますが、プロ並みに魅力的な見栄えにするのは簡単ではありません。

また、専門業者では料金設定も基本プランのほか、平日午前中の格安プラン、追加オプション（ごみ引き取り）など細かなシステムを導入していますし、予約の際の本人確認や、当日キャンセルへの対応など、未経験では難しいことが少なくありません。

このように自営で大きな収益を望むにはハードルが高いのが現実です。普段使わないので少しでも収益になればというオーナーが多く、**経営は業者に委託して管理運営のみ自分で行う**という例も少なくありません。もし外注するのであれば、管理コストは3割程度といったところです（登録料は無料、成約の際に料金が発生するのが一般的）。

◎営業のポイント

開業前に検討したいのは、リノベーションをするか否かです。壁を撤去して広いスペースにしたり、2階の床を取り払って吹き抜けの開放的な空間に変えたりすることで、幅広い活用方法が生まれます。

前述のプランのほかにも、教室や出張レッスン、自治会の集まり、ギャラリー展示・販売などと多様で、貸す側のアイデア次第で広がる可能性があります。それと同時に用途によって、初期費用や維持費は大きく変わってきます。

シンプルにスペースのみを貸し出し、使ったものはすべて利用客の負担にする場合や、光熱費など経費も含めてのレンタル料金を設定する場合もあります。営業開始するまでに**料金設定に抜けがないよう、しっかり見積もりすることが大事**になります。

実際に開業するにあたっては、専門のポータルサイトに登録したり（次ページの上の図表を参照）、ホームページをつくって集客を行うのが一般的です。

◎実務のポイント

実際に経営していくには貸しスペースの**ニーズがあるかどうか、しかもターゲット層にうまく合致するか**で収益が見込めるビジネスですので、十分な市場調査を継続的に行う必要があります。

基本的に予約管理から決済まで、すべてインターネット上で行うことになりますが、おもてなしも重要です。利用客の評価やレビューはＳＮＳで拡散されることも多く、いずれ予約数に影響します。

そのため、利用客からの好評価をより多く集められるよう工夫しましょう。とくにＷｉ-Ｆｉ環境を整えたり、近隣のスーパーやコンビニの情報、おすすめのケータリングなどをわかりやすく紹介するだけでも、利用時の満足度を上げることができます。

予約・運営の主要ポータルサイト

●SPACEMARKET
貸し手と借り手をマッチングして、成約時に手数料を支払うシステム。サイトの掲載登録（無料）をすると、予約から決済まで完了。パーティ、イベントなど、豊富なスペースが揃う。利用料は時間制および1日レンタルで30%、宿泊レンタルで10%が必要
https://www.spacemarket.com

●SPACE MOLE
無料登録すると自社サイト、SPACEMARKETなど4つのサイトに掲載される。貸し会議室などの掲載が多い。利用料率は掲載サイトにより異なる。エリアは東京23区の一部に限られる
https://spacemole.co.jp/

●Spacee
利用料金の設定から相談に応じてくれるほか、サイト掲載や予約管理、清掃代行、利用客対応なども任せることが可能。手数料は成約料10%とSPACEMARKETの掲載料30%
https://www.spacee.jp/

リノベーション費用の目安

	部位	内容	費用の目安
工事	床	フローリングに張り替え（10～12畳程度）	30万～60万円程度
	キッチンの交換	キッチンスタジオのためにシステムキッチンを導入	50万円台～
	洗面室	洗面台を新製品に交換	10万～30万円程度
	トイレ	温水洗浄器付き便座に交換	20万～30万円程度
設備など	パーティ需要	オーディオ機器、モニター、ゲーム機など	利用プランによって異なるが、レンタル品や中古品で十分なことも多い
	オフィス需要	Wi-Fi、ホワイトボード、プロジェクターなど	

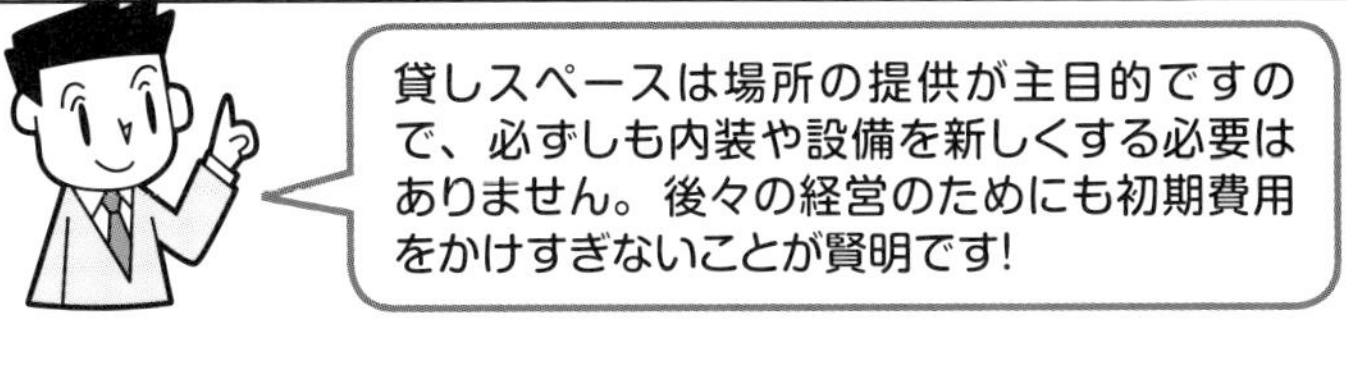
貸しスペースは場所の提供が主目的ですので、必ずしも内装や設備を新しくする必要はありません。後々の経営のためにも初期費用をかけすぎないことが賢明です!

14

実例レポート ～材木商の祖父が建てた築92年の家～

古きよきものは、使って残したい

◎祖父との思い出が詰まった家を残したい

鎌倉駅から長谷観音へ向かう道沿いにある大きな木造家屋。レンタルスペース「古民家スタジオ・イシワタリ」の前身は、オーナーである写真家の福井隆也さんの母方の祖父が営んでいた田島屋材木店です。関東大震災後の1927（昭和2）年に、「地震に強い丈夫な家を」と住居兼事務所として建てられました。

戦前の田島屋は、番頭や小僧さんなど働き手が多く、手広く商売をしていましたが、戦争がはじまり、統制会社令により個人で商売ができなくなってからは、家族が住居として暮らしていました。

築92年の趣ある「古民家スタジオ・イシワタリ」の外観

開業時からの費用

内外装修繕費 ……………	約900万円
電気・ガス・水道工事費 …	約120万円
庭剪定費（2013年～）……	約100万円
廃棄物処理費など …………	約80万円
合計	約1,200万円

鎌倉 古民家スタジオ・イシワタリ
（旧田島屋材木店）
住所：神奈川県鎌倉市長谷1-1-6
TEL：080-6597-8515
利用時間：9:00～21:00（要予約）
利用料金：ホームページ参照
交通：JR鎌倉駅から徒歩15分、江ノ電由比ヶ浜駅から徒歩5分

開業ストーリー

2011年	福井さんの叔母が死去。ハウススタジオとしてスタート
2012年	飲食店営業許可申請
2013年	「福井写真室」始動。イベント貸し中心にシフトチェンジ
2015年	築88年記念「米寿祭」開催
2018年	登録有形文化財申請

1階は3つの和室と洋間、キッチン、2階は2つの和室と縁側を利用できる。また、裏庭をオプションで加えることもできる

祖父の死後は、福井さんの叔母にあたる長女夫婦が住んでいましたが、2人には子どもがいなかったため、その後を次女の息子である福井さんが相続することになりました。

福井さんの自宅は別にありますが、祖父との思い出が詰まったこの家を何とか残したいと思いました。しかし、古くて大きな家は維持するだけでもお金がかかります。そこで、まずは比較的簡単に収入が得られるテレビやCMなどのロケ撮影に使うハウススタジオとして貸し出しをすることにしたのです。

◎この家のよさをわかる人に使ってほしい

ハウススタジオの相場はムービー撮影が1時間2万円。前日からつくり込みをするので、1回の撮影でかなりの収入になります。しかし、スタッフの人数が多いため、注意事項が全員に行き渡らず、軒屋根に勝手に上がって撮影をしたり、家具を移動するときに柱や襖を傷つけたりとやりたい放題。

「ロケ貸しは収入面では大きいけれど、積極的にやりたいとは思いませんでした。古民家ならどこも同じ、そんな扱いをされているように感じたのです。でも、この家は木のことをよく知る材木商が建てた家。どこにでもある古い家とは違う、その細部にわたるこだわりに気づいてくれる人や、この家のよさをわかってくれる人に使ってほしいと思ったのです」

それから福井さんは奥様の真由美さんと一緒に、イベントなどを中心としたレンタルスペースの運営に舵を切ります。

また、本職の写真家としての活動場所として、古民家で家族写真を撮る「福井写真室」をオープンします。「とりあえず貸しておく」という傍観者の立場から、「自分たちでこの家を守る」という当事者意識を持つようになったのです。

◎日本家屋はアイデア次第で使い方いろいろ

レンタルスペースをはじめるにあたって、修繕しなければならない場所はたくさんありました。電気・ガス・水道の配管工事をはじめ、すべての部屋の畳と障子を張り替えたり、食イベントもできるようにと台所を保健所の指定仕様に整えたり、トタンだった駐車場の塀を木製にしたり。意外と出費がかさんだのが、不用物のごみ処理だったといいます。

最初のお客さんは木彫作家の展示会でした。

「とりあえずホームページはつくってみたものの、きちんと料金を決めていなくて、はじめての問い合わせで嬉しくなって格安で古民家一軒まるごと貸しちゃいました（笑）」

それからは鎌倉という立地のよさもあってか、とくに宣伝することもなく、自作のホームページとフェイスブックだけで徐々に予約が埋まっていきました。

当初は、1週間単位の展示会が中心になるだろうと予想していたそうですが、実際はじまってみると3日以上借りる人は案外少なく、週末の単発イベントがほとんど。琴や三味線、和太鼓などの演奏会、ジャズライブ、落語会、人形浄瑠璃、ヨガ、展示販売会、各種ワークショップ、週末カフェなどの食イ

今も受け継がれる「田島屋材木店」の風格ある看板

1階の和室（写真・上）と、2階の和室（写真・下）。明るい自然光が入るので、ワークショップや講演会などの開催にも人気

自作のポスターは表の塀に張り、積極的に告知している

写真家である福井さんの撮影風景。イベントに関するモノや料理などを撮影し、無料でポスター作成のサービスを行っている

初年度から定期的に開催されている、ワインとチーズの会のイベント。ビュッフェ形式で楽しめると人気（写真・上）。コンサートはライブ会場のような音響設備はないがリラックスして演奏に浸ることができる（写真・下）

ベントなど、じつにさまざまです。ユニークなものでは、この家に惚れ込んだ脚本家が劇のシナリオを書き、演劇の舞台になったことも。

「日本家屋のおもしろいところは、無限の可能性を秘めているところ。たとえば、障子や襖を外すだけで、その空間がガラリと変わり、また使う人のアイデアによって、『こんなこともできるんだ！』『なるほど、これはいいアイデアだな』と驚かされることがいっぱいあるんです」と、福井さんはいいます。

◎写真家としての強みを生かしたサービスを

その後、結婚パーティ会場としての問い合わせも増え、新たにウェディングプランを導入することに。

「祖父の家を残すためにはじめたレンタルスペースですが、ウェディングプランでは、オプションで婚礼写真を撮るといった自分の強みも生かせます。うちで結婚パーティをしたご夫婦は、お子さんが生まれてからもずっと写真を撮りに来てくれるんです」

写真家としての強みはほかにもあります。最初の

2018年の屋根瓦の大修繕の様子（写真・上）。滑りの悪くなった障子は専門家に直してもらっている

ウェディングパーティのほか、和食やベトナム料理、マレーシア料理、ポルトガル料理など、さまざまな料理イベント、料理教室を開催

お客さんから今も続いているのは、イベントの告知用にと、無料で作品やメニューなどの素材を撮影し、表の塀に張るポスターを作成していること。撮った写真はお客さんに渡し、ＤＭなどをつくるときは自由に使えるという、写真家だからできるサービスを提供しています。

こうした評判がクチコミで広がり、今ではほぼ毎週末予約が埋まっているとのこと。しかし、その収入の多くは修繕費や庭の剪定費に消えるそうです。

「オープンから5年が経った２０１８年は屋根瓦の大修繕をしました。この家が建てられた関東大震災直後は、太い柱と屋根の重さで耐震性を高めるという考え方で、杉皮と泥を屋根にのせて防水をし、その上に瓦をのせるという方法が取られていました。しかし、今は落下などの危険から屋根を軽くするほうがよいといわれています。そこで今の時代に合った方法で屋根を修繕することに。でも、真新しい瓦を使って外観を損ねたくなかったから、まだ使える瓦は表の見えるところに移動させ、裏の見えないところは新しい瓦に替え、いらなくなった瓦は庭に敷き詰め、写真室の屋外スポットをつくり……とこだわっていたら、すごい金額になってしまいました」

その言葉どおり、これまで内外装の修繕費だけで約900万円を費やしています。

「壊すのは一瞬だけど、一度壊したら元には絶対に戻すことはできない。だから、できる限りそのまま残し、このままでは危険とか壊れそうとなったら見た目をできるだけ変えずに修繕しています。こんな面倒くさい注文をする人はほかにいないから、修繕費は必然的に高くなりますね。古民家維持は意地がないとできないんですよ（笑）」

◎古民家利用にあたってのルールづくりも大事

レンタルスペースの運営をはじめてから6年が経ち、「運営はひとまず安定期に入った」と福井さん。ただ、いろいろな利用者が増えたことで、古民家利用にあたってのルールを今まで以上にしっかり決めていかなければならないと、課題も多いようです。

そんななか、この家のよさを誰にでもわかりやすく伝えるための良策として考えたのが、登録有形文化財として登録することでした。申請にあたっては、古い日本家屋に詳しい大学教授に依頼をし、約2年をかけて進めていきました。

専門家の話によると、この家のつくりはとても丈夫で贅沢にできており、材木商ならではのプライドを感じさせるこだわりが随所に表れているとのこと。それを知って、福井さん夫婦はますますこの家を残す使命を感じたようです。

「登録有形文化財として登録されても、何か特別な援助があるわけではありません。でも、登録されたら今以上に大事に使ってもらえるのではないかと期待しています。このまま大事に使っていけば、ずっと今の佇まいのまま残していけると思います。ここまで試行錯誤しながら進んできましたが、〝古きよきものは使って残す〟という思いは、これからもずっと変わることはありません」

（写真提供・福井隆也さん）

第7章

これから親の家を相続する人へ

親の財産は「財産目録」という書面にまとめてもらおう

◎親が元気なうちに用意してもらうこと

親が元気なうちは、親の財産のことを知らなくても、何ら問題はありません。しかし、親が認知症になったり、重い病気になったり、あるいは死去したとき、親の財産について把握していないと、さまざまな問題が生じます。

たとえば、家の価値を知らないと「家を売却したお金で、老人ホームの頭金を払いたい」と思ったときの計算ができません。そこで役立つのが**「財産目録」**という書類です。

財産目録とは、文字どおり「財産の一覧表」です。株や土地、現金、預金、定期預金など財産を一覧にしておくことはとても重要です。なぜなら死んでしまうと、家族は「財産がいくらあるのか？」がわからなくなるからです。

生前のうちに財産目録をつくっておけば、いざ**相続がはじまったときに、手続きをスムーズに進めることができます。**相続は10カ月以内にすべてを終わらせる必要がありますので、親が死んだあとの家族の手間を省くためにも、生前に財産の一覧表をつくってもらいましょう。遺言書を作成するのであれば財産目録は必須なので、**親自身が遺言内容を検討するのにも役立ちます。**

◎財産目録はわかりやすくが基本

財産目録をつくる3つのポイント

POINT 1	●財産の保管場所、問い合わせ先を明確にすること ●とくに現金、預貯金は保管場所をきちんと記入する ●キャッシュカードの暗証番号は聞き出しておくこと
POINT 2	●プラスの財産だけでなくマイナスの財産も把握できること ●住宅ローンが残っていれば、毎月返済額と完済予定年月日を記入 ●債務の返済額や期間がわかる資料を準備すること
POINT 3	●財産の総額がわかるようにすること ●生前贈与したほうがお得なものがないか判断材料に ●総額と相続人が明確であれば、相続税計算にも役立つ

財産目録は、わかりやすく作成してもらいましょう。第1のポイントは、財産がどこにどのくらいあるのかを把握できることです。自分の財産がいくらあるのか、家族に知らせていない人はたくさんいます。各種財産の保管場所、問い合わせ先を明確に、とくに現金や預貯金などは保管場所をきちんと記入しましょう。

第2のポイントはプラスの財産だけでなく、マイナスの財産も把握できるようにすること。相続人がマイナスの財産を引き継ぐのか、放棄するのかを決めるには期限があります（相続放棄をする場合は3カ月以内）。

第3は、財産の総額がわかるようにすることです。財産の総額と相続人が明確であれば、すぐに相続税を計算することができますし、相続税が発生した場合、所有している現金などで納税できるかどうかもわかります。また金融資産のなかに配偶者や子どもに生前贈与したほうが得な資産もわかるので、遺された親族にとって役立つツールとなります。

財産目録の記入例

財　産　目　録

1　不動産

所在・地番	地目 種類	地積床面積	名義持分	備考 （現状・利用状況等）
○○市××町123番	宅地	123.40㎡	○○○男	自宅
同上・家屋番号10		78.90㎡	○○○男 共有持分1/2	
○○市××町456		67.80㎡	○○○男	借家・賃貸中

登記簿謄本、固定資産評価証明書、納税通知書などを見ながら、記載どおりに記入

2　預貯金（普通・定期・定額・積立等）・現金

種別	銀行・支店名	口座番号	金額・数量	名義人	備考 （保管者等）
普通	○○銀行・南町	123456	234,567円	○○○男	申立人
定期	○○合同・北町	234567	2,200,000円		
通常	ゆうちょ銀行	345678	987,654円		
現金			65,432円		
預貯金・現金合計額					

通帳は作成日の直近に必ず記帳。通帳を見ながら1円単位まで、手元で保管している現金ももれなく記入

3　株式・投資信託

種別	証券会社・銘柄等	株式番号等	数量	名義人	備考 （保管者等）
株式	○○建設工業	○○証券 保護預かり	300株	○○○男	申立人
投資信託		○○証券 保護預かり	543,210口	〃	〃

株式・投資信託の残高証明書などを見て記入

4　生命保険等

種別	保険会社名	保険金額	保険掛金 （月額）	契約者	受取人	備考 （保管者等）
養老保険	かんぽ生命	500,000円	2,000円	○○○男	○○○男	申立人
生命保険	○○保険	3,000,000円	500円			〃

保険契約証書を見ながら、記載どおりに記入

5　本人の負債（債務の返済額や期間がわかる資料を提出してください）

種別	支払や返済をする相手の氏名	残　額	毎月返済額、完済予定年月日
借入金	（株）○○ローン	450,000円	12,000円・令和○年○月
住宅ローン	（	1,000,000円	80,000円・令和○年○月

住宅ローンの償還表、金銭消費貸借契約書を見て記入

親の意見を尊重しながら、家の整理をしておこう

◎親の家が汚いことにいいことはなし

親の家が空き家になり、その活用法を考えるとき、家の中が片づいていないと、何もはじめることができません。親が自分たちで整理したいのに、できないという状況も増えています。

「親が亡くなったり、あるいは施設に入ったりしたときに、一気にやればいい」と思うかもしれませんが、相当な時間を割くことになります。知らぬ間に親の大事なものを捨ててしまうこともあり得ます。

また、親が住む家が汚いと、親の健康にも大きな影響を及ぼします。よどんだ空気のなかで、生活することは、親にとって何のプラスにもなりません。

家の片づけは、親が元気なうちに行うことが鉄則です。とはいえ、親に「片づけてね」といっても、なかなか腰が上がりません。子どもが率先して行っていくべきでしょう。

◎親の理解を得てから、片づけをする

親の家の整理をする際は、なぜ家の片づけをする必要があるのかをきちんと説明し、理解を得ることが大切です。実際に片づけを行うときは、子どもが「これはいらないでしょ！」と、親の価値観を無視して勝手に整理することは絶対に避けましょう。

子どもが「いらない」と感じるモノが、親にとっては「大事なもの」であるケースも多いからです。

親の家の片づけの4つのポイント

①
親の理解を得る
なぜ家の片づけが必要なのか、しっかりと説明し、親の理解を得る

②
親の価値観を尊重する
子どもが「いらない」と感じるものと、親が「いらない」と感じるものは違う。勝手な判断でモノを破棄しない

③
親の住環境をチェック
防犯対策は万全か、リフォームする箇所はないか、バリアフリー化は必要かなど、住環境のチェックもする

④
ごみを捨てる
家の片づけによって発生したごみは、曜日ごとの「ごみの日」に出すのが基本。持ち込み可能な自治体のクリーンセンターでまとめて処分する方法も

子どもの目には不要に見えても、親が「これは必要」と判断したものは捨てないことが大切です。

なお、郵便物のなかには契約書類など、重要な情報が紛れている可能性もあるので、一つひとつ確認しながら分別しましょう。

◎大量のごみの破棄先は？

片づけで出た大量のごみは持ち込み可能な自治体のクリーンセンターで、まとめて処分すると便利です。処理費用も安く済むのでおすすめです。多少費用が発生してもよいのであれば、不用品回収業者に依頼して、まとめて回収してもらうのも一つの手です。数万円かかりますが楽に片づきます。

なお、「冷蔵庫・冷凍庫」「エアコン」「テレビ」「洗濯機・衣類乾燥機」は、家電リサイクル法の対象商品のため、自治体のクリーンセンターでは回収してもらえません。「家電販売店に連絡して引き取ってもらう」「粗大ごみ回収業者に依頼する」のどちらかになります。

実家整理のおもな流れ

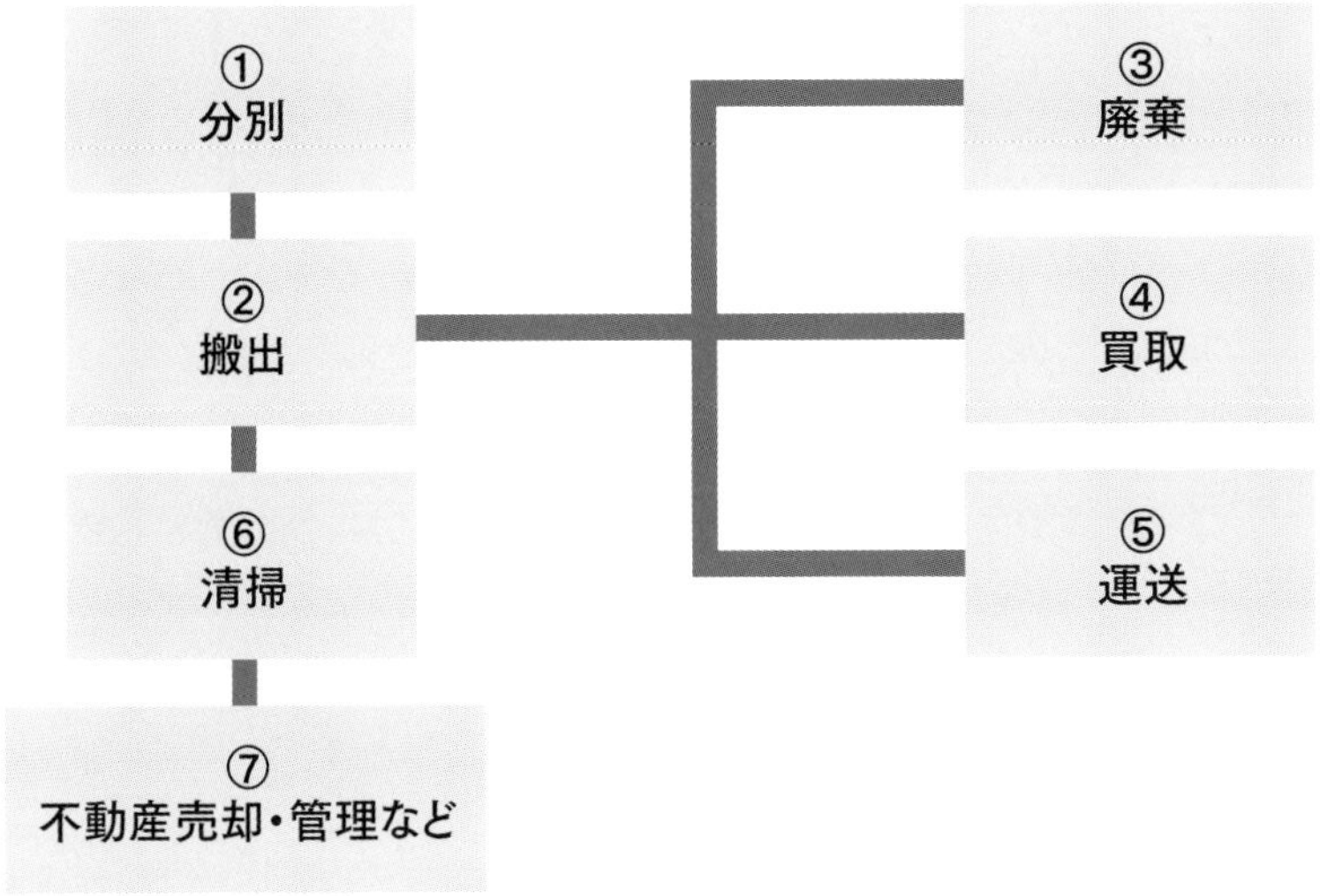

①分別

廃棄・買取・運送するものに分別する。一つずつ手に取りながら、親の意思を確認しつつ、箱詰・梱包の作業を行う

②搬出

家のなかのすべてのものを戸外に搬出。家を売却・賃貸にするのであれば、空っぽの状態にする

③廃棄

一般家庭から排出されるものは、各市町村が指定する専門業者しか収集・運搬できない。粗大ごみは事前に仕分けし、収集当日に運搬してもらうこと。また、テレビ・冷蔵庫・洗濯機などの家電リサイクル対象品は専門指定業者に回収・運搬を依頼すること

④買取

不用となったもので、買取してもらえるものがあれば分けておき、リサイクル業者などに査定・買取してもらう

⑤運送

残すものがあればトランクルームなどに運ぶ。高齢者住宅などに引っ越すのであれば運送会社に依頼しておくこと

⑥清掃

水回りをはじめ、家全体の掃除を行う。すぐに売却するのであればハウスクリーニングを業者に依頼しておく

⑦不動産売却・管理

売却したり、賃貸に出す場合は、物件広告用に室内の撮影などを行う

遺言書をつくっておけば、将来、親が認知症になっても怖くない

◎認知症の親がいると遺産相続が困難

両親のうち一人が亡くなり、遺された親が認知症である場合、とても難しくなることがあります。それは**「遺産相続」**です。親の財産の多くは「預貯金」と「土地・家屋」で占められますが、遺されたほうの親が認知症だと、この2つの手続きがほぼできなくなります。

遺産相続の仕方として、オーソドックスな方法は「相続人同士の話し合いで決定する」というものです。この話し合いを**「遺産分割協議」**といいます。そして、その協議内容を書面（遺産分割協議書）にして、相続人全員が署名・捺印し、金融機関や法務局に提出します。

しかしながら、認知症の相続人がいる場合、この遺産分割協議ができなくなります。自分で署名・捺印などができないからです。

遺産分割協議以外には、もう一つオーソドックスな遺産相続の仕方があります。**「法定相続分に従う」**です。この場合でも、金融機関は、所定の書類に相続人全員の署名と実印での捺印、さらに印鑑登録証明書と戸籍謄本の提出などを求めてきます。それが揃わない以上、金融機関はいっさい動きません。

つまり、認知症の親が相続人であると、遺産相続が前に進まなくなる可能性が高くなるのです。これでは親の家の売却・管理なども難しくなります。

遺言書に盛り込む内容

表題	自筆証書遺言は「遺言書」と記入
前文	書面にて遺言書を書くことを宣言する
建物・土地の相続	登記簿を見ながら土地の所在、地番、地目、地積、建物の所在、家屋番号、床面積などを記載。誰に相続させるかを指定する（相続人の名前に生年月日をつけ、正確に特定できるようにする。ほかの財産についても同様に）
預貯金など	銀行名・支店名・種別・口座番号を記載。誰に相続させるかを指定する
その他の財産	株や現金など、ほかの財産を誰に相続させるかを指定する
その他諸条件	子の認知など、相続人に知らせることを記載する
遺言執行者の指定	遺言相続する際、執行責任者を指定する
日付など	遺言書を作成した日付を記載する。署名と捺印を行う

※遺言内容を被相続人が死亡するまで秘密にできる「秘密証言遺言」もあります

◎遺言書があれば、鬼に金棒

この状況を回避できるツールがあります。それが**「遺言書」**です。

遺言書とは、遺言者が死後、自分の財産を誰に、どのように相続させたいかをまとめた文書のことです。遺産相続では、「遺言による相続は、法定相続に優先する」という大原則があります。この遺言書があれば、相続人に認知症の親がいても、遺言書どおりに遺産相続が進められます。

そのため、**遺言書は「父親」と「母親」の2種類を作成**しておくべきです。親が元気な段階で、遺言書を作成するようお願いしましょう。

遺言書には、**「自筆証書遺言」**と**「公正証書遺言」**があります。前者は、遺言者が自分で書いて捺印するだけなので、作成は簡単です。上の表に「盛り込む内容」を載せましたが、あまり難しく考える必要はありません。

「氏名の自書」「日付の自書」「捺印」といった作成

公正証書遺言作成の手数料

遺言書に書く財産の総額	公証人手数料
100万円以下	5,000円
100万円超200万円以下	7,000円
200万円超500万円以下	1万1,000円
500万円超1,000万円以下	1万7,000円
1,000万円超3,000万円以下	2万3,000円
3,000万円超5,000万円以下	2万9,000円
5,000万円超1億円以下	4万3,000円

POINT

「公正証書遺言」のメリットは、公証役場で半永久的に保管されるために、偽造や紛失の心配がないこと。また、「自筆証書遺言」と異なり家庭裁判所の検認が不要なので、死亡後即座に遺言書の内容を実行できることが挙げられる

要件さえ満たしていれば、たとえば、「私は不動産の全財産を長男に相続させます」だけであっても遺言書として成り立ちます。

◎自筆証書遺言の確実性がアップ

公正証書遺言の作成は、確実である半面、手間がかかります。公証役場で証人立ち会いのもと、公証人が遺言者に聞き取りして作成し、その遺言書は公証役場に保管。上の表のように財産の総額に応じて費用がかかります。

一方、自筆証書遺言は全文を自書しなければならず書き損じたり、家族に見つけてもらいにくいのが難点でした。さらに開封の際は家庭裁判所の検認が必要になったりと、迅速性や確実性などの面で不利でした。

しかし、2019年1月から相続法の改正が段階的に施行されており、パソコンで一部（財産目録）の作成が認められたり、また20年7月10日からは法務局に保管できるようになるなど、**自筆証書遺言の**

自筆証書遺言と公正証書遺言の特徴

	自筆証書	公正証書
メリット	●印紙代で済み、費用が安い ●証人が必要ない ●遺言内容を秘密にできる ●書き換えが簡単にできる	●確実かつ安全に遺言を残せる ●家裁での検認が不要なので、死亡後すぐに実行できる ●自書できない場合でも作成が可能 ●紛失・改ざんのおそれがない
デメリット	●民法に定められた要件を満たしていないと無効になることも ●保管場所が家族に知られずに見つけてもらえないことも ●家裁での検認が必要 ●本人の自筆のみ有効（一部はパソコンでも可）	●事前の打ち合わせを含めて、公証人とのやりとりが必要 ●財産の総額に応じて費用がかかる ●証人が2人以上必要 ●内容が証人・公証人に知られる

POINT

親が認知症になっていても、軽度の状態なら遺言書の作成は可能。相続が発生した際、本人に遺言能力のあったときに遺言書が作成されたことを確認できるように作成時の診断書を取得しておくと安心

メリットが高まっています。

自筆証書遺言書は費用の面でも、数百円の印紙代で済み、利用者が増えていくでしょう。

◎遺言書には執行者の指定を忘れずに

なお、遺言書には、**「遺言執行者の指定」**は必ず書いておくこと。

遺言執行者は、民法で「相続財産の管理その他遺言の執行に必要な一切の行為をする権利義務を有する」とされています。

もし遺言執行者がいない場合は、たとえ遺言書があっても、金融機関の預貯金の相続をする際、相続人全員の署名などが求められます。しかし、遺言執行者が指定されていると、そうした要求はなくなります。

この遺言執行者は「親」ではなく「子ども」を指定しておきましょう。遺言書をつくる段階では、親は元気であっても、その後、認知症を発症する可能性がゼロではないからです。

4 相続税はいくらかかるか知っておこう！

◎相続税はいくらかかる？

相続税は、相続により受けた遺産総額から、「基礎控除額」を差し引いた金額に、遺産総額に応じた税率を乗じて算定されます。計算式は次のとおりです。

3000万円＋（600万円×法定相続人数）

たとえば、法定相続人が4人の場合、前述の計算式に当てはめると3000万円＋（600万円×4）＝5400万円までが基礎控除額となり、この額を超えた分に相続税が発生します。

また、相続税はかからなくても、相続登記の費用（相続登記を行う不動産の固定資産税評価額×0・4%）はかかることを知っておきましょう。

◎大幅に節税できるメリットも

相続した土地が比較的小さな場合、一定の要件を満たせば**「小規模宅地等の特例」**が適用できます。

たとえば、自宅の土地のうち330㎡までの部分の**相続税評価額を80％減額**して、相続税を大幅に節税できるのが大きなメリットです。ただし、残念ながら人が住んでいない家では「小規模宅地等の特例」は適用できず、相続税評価額を減額できません。

まず相続税の納付が必要かどうか、必要ならいくらくらいになるか計算してみてから、賃貸にするなどの対応を考えましょう。そのためには、親が生きているうちから対策を練っておくことが必要です。

「相続税の総額」の計算の仕方

CASE：相続税の課税対象額が8,000万円。
法定相続人は妻と子ども2人の場合

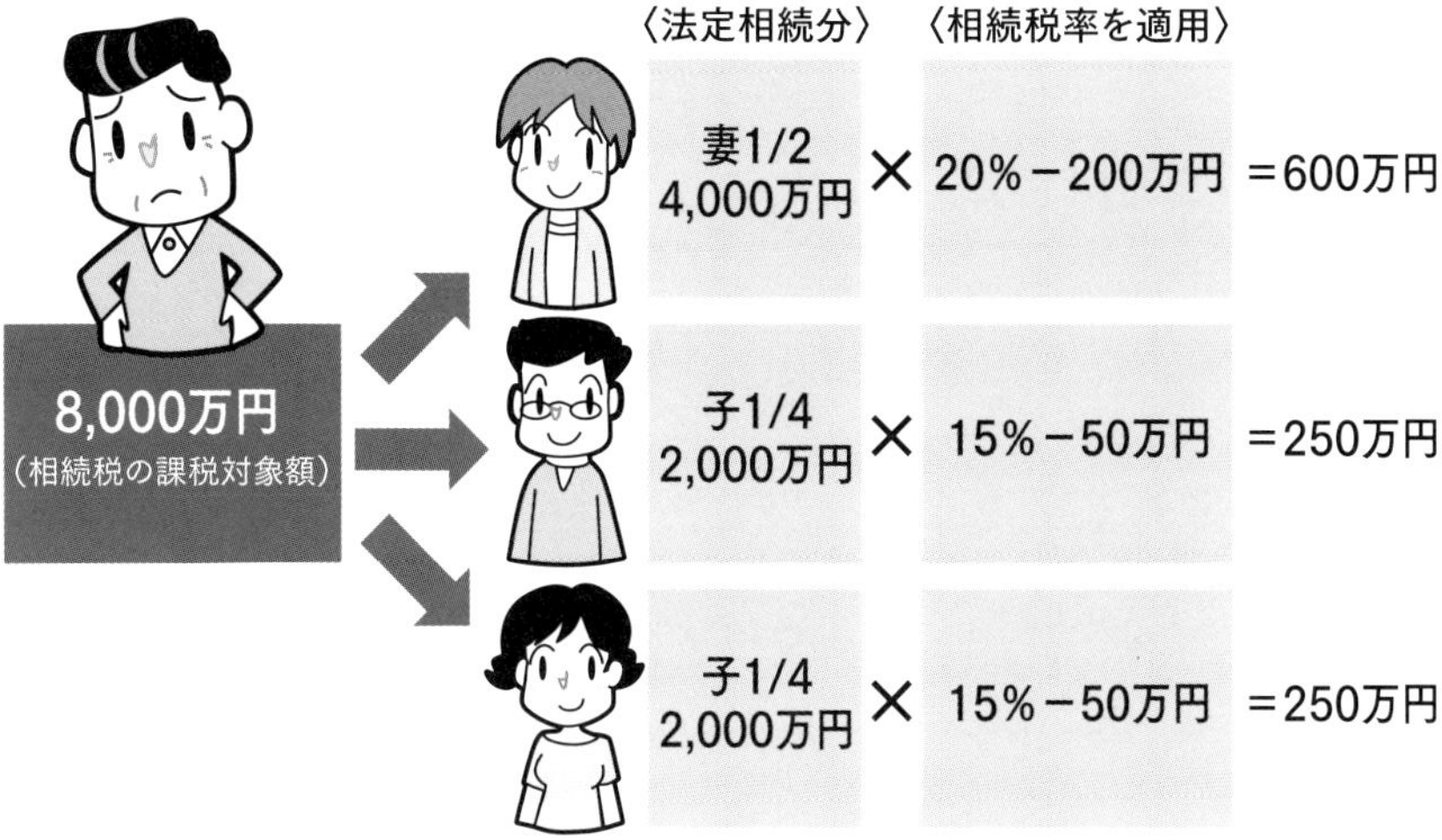

MEMO
「配偶者の税額軽減制度」について

配偶者が相続した財産が、自分の法定相続分相当額より少ない場合か、法定相続分より多くても1億6,000万円を下回る場合は、相続税は発生しません。

●相続税の総額

600万円 ＋ 250万円 ＋ 250万円 ＝ **1,100万円**

●各人の納税額

妻　0円（左の「MEMO」参照）

子　一人につき250万円

●相続税の早算表

区分	1,000万円以下	3,000万円以下	5,000万円以下	1億円以下
税率	10%	15%	20%	30%
控除額	－	50万円	200万円	700万円

区分	2億円以下	3億円以下	6億円以下	6億円超え
税率	40%	45%	50%	55%
控除額	1,700万円	2,700万円	4,200万円	7,200万円

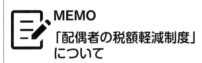

5 親が元気なうちに家の名義を変えるには？

◎家の名義を変える際は贈与税に注意

親が今は元気でも、認知症になったときに備え、子どもが親の家を処分できる対策を取っておきましょう。一番確実なのは、**親の老いが気になりだした時点で、親の家の名義を子どもに変える**方法です。

しかし、無償で子どもの名義にすると、非常に高い税率の贈与税が発生します。たとえば、1000万円を一気に贈与すると、その税額は177万円。2000万円では約585万円となります。

このように贈与税は高額のため、親の家の名義を変える場合には、何も考えずに贈与してしまうと痛い目に遭います。

◎「相続時精算課税制度」を利用しよう

もっとも有効な方法は、「相続時精算課税制度」を利用することです。この制度は60歳以上の父母や祖父母が**20歳以上の子や孫に贈与する場合、累計2500万円までは贈与税がかからない**というもの。

2500万円を超えたぶんの贈与は、一律20％の贈与税がかかるため、家の価値が2500万円を超える場合は慎重に判断すべきですが、使い勝手のよい制度であることは間違いありません。

なお、この制度は相続税対策にはなりません。親が死去した時点で、**その金額を含めて相続税が課せられる**からです。

相続時精算課税制度の概要

対象	贈与者	贈与をした年の1月1日において60歳以上の父母または祖父母
	受贈者	贈与をした年の1月1日において20歳以上の子または孫
	届出	贈与者、受贈者ごとに選択
内容	控除額	特別控除2,500万円（複数年にわたり利用可）
	税額	特別控除額を超えた部分に対して一律20％
	贈与税の申告義務	金額にかかわらず贈与を受けた年（申告時期は翌年の2月1日から3月15日）
	相続時の精算	あり
特徴	メリット	まとまった金額を贈与しやすい
	デメリット	贈与額と相続額の合計が、相続税の基礎控除額を超えている場合、節税にならない

●たとえば…

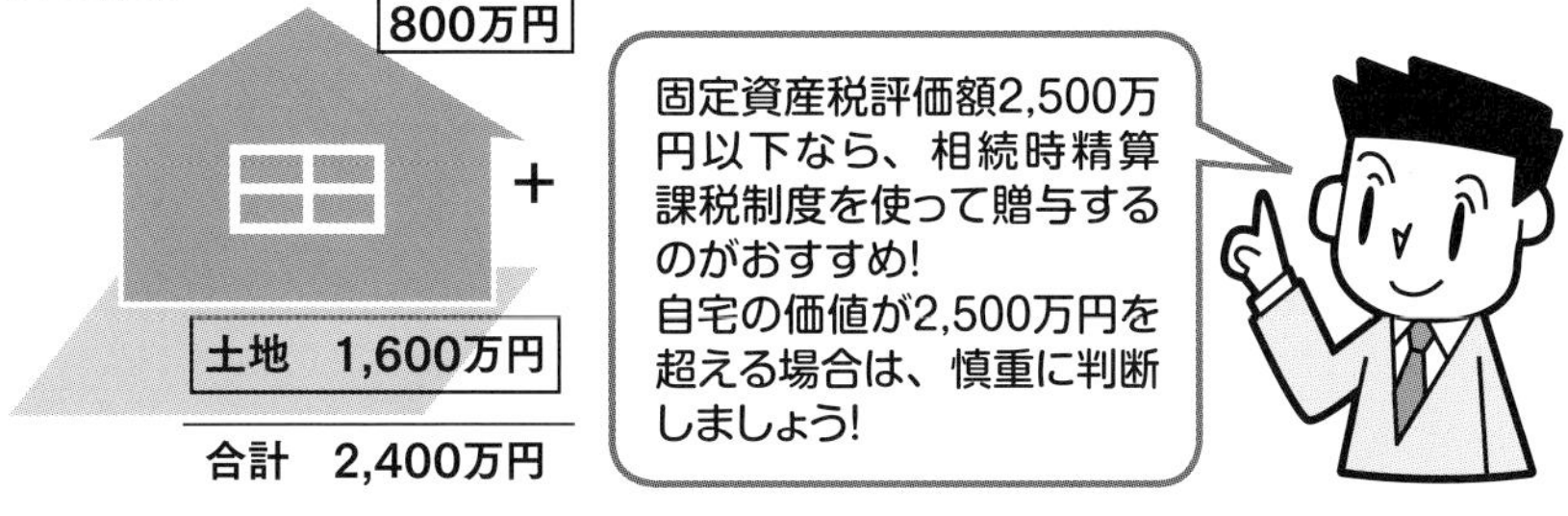
建物 800万円
+
土地　1,600万円
合計　2,400万円
固定資産税評価額2,500万円以下なら、相続時精算課税制度を使って贈与するのがおすすめ!
自宅の価値が2,500万円を超える場合は、慎重に判断しましょう!

6 これから親の家を相続するなら「家族信託」を利用しよう

◎家族信託は使い勝手のよい制度

ここ数年、メディアなどで取り上げられる機会も増え、「親の老後を守るための使い勝手のいい制度」と評判が高いのが**「家族信託」**です。

家族信託とは、簡単に説明すると「自分（親）が元気なうちに、家族など信頼できる人に、自分の財産を、自分の目的に沿って運用・管理してもらう」制度のこと。２００７年に信託法が改正され、財産管理がより簡単になりました。

財産を託す人を**「委託者」**、託された人を**「受託者」**、その財産から得られた収益を得る人を**「受益者」**、そして託す財産を**「信託財産」**と呼びます。委託者と受託者が次ページの図表のように**「信託契約」**を公正証書で結ぶことで、信託はスタートします。

この制度の大きな特徴は、信託契約の内容について、自由度が高い点が挙げられます。

◎親の家を売却する場合にも有効

家族信託では、不動産の管理や売却についても契約を結ぶことができます。契約に際しては、親にもしものことがあった場合、子どもに管理を任せたり、所有権が渡るようにしておくなど、その旨を盛り込んだ信託契約書をつくり、その後、法務局で不動産の名義を、委託者から受託者に変更します。

家族信託の最大のメリットは、**相続時精算課税制**

家族信託の仕組み

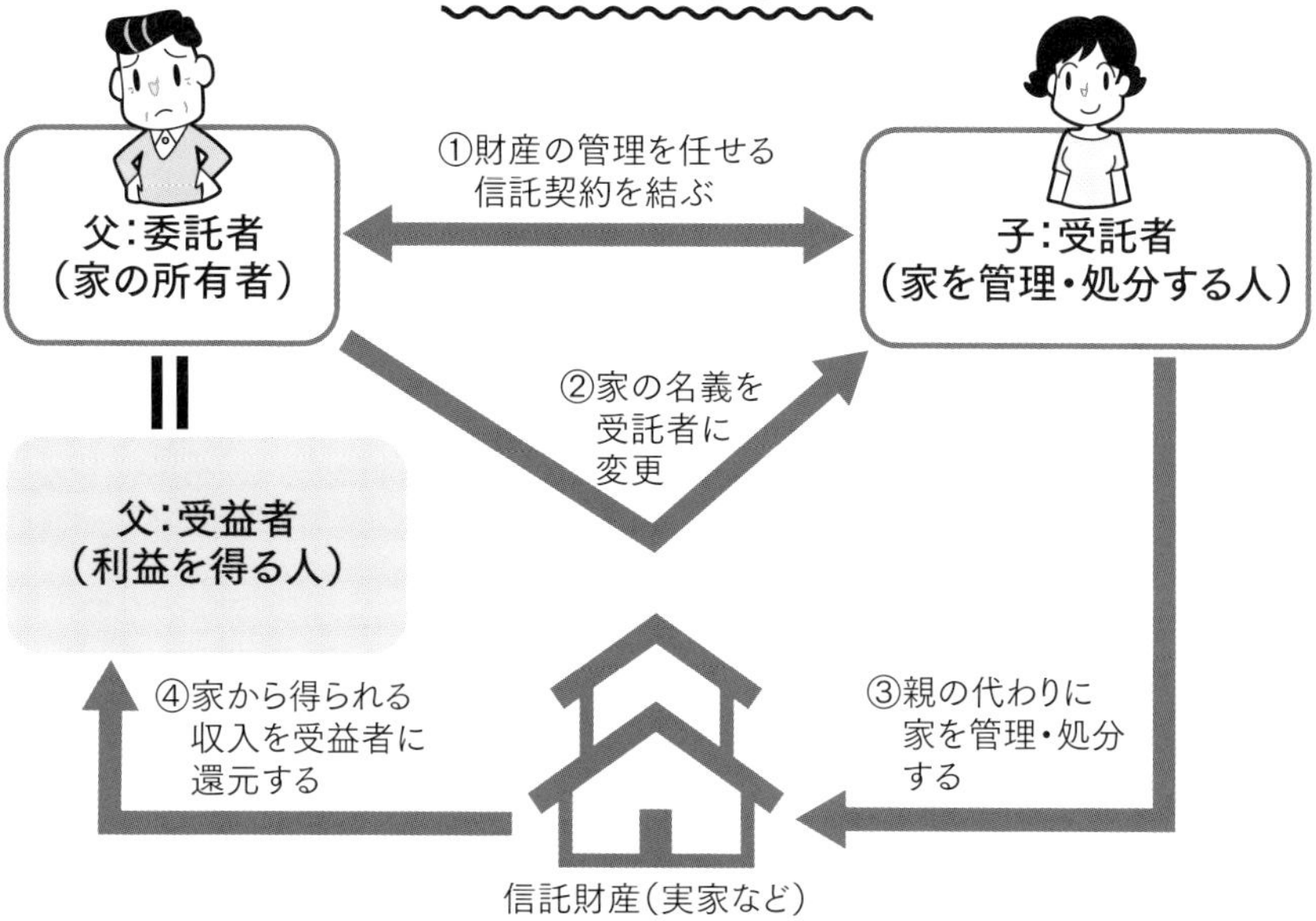

度を使う必要もなく、あるいは贈与税がかかることもなく、親の家を売却できるという点です。

◎書類作成は専門家に依頼する

現状で大きなネックとなるのは、信託契約の書類（信託契約書）の作成は、信託業務に詳しい専門家（司法書士など）に頼る必要があることが挙げられます。なぜなら、今のところ、あまり家族信託が普及していないため、ひな型がないからです。そして、その作成費用は、財産が５０００万円以下で50万円程度かかります。

また、家族信託で信託された不動産について不動産会社によっては、手続きに時間がかかることもネックといえます。

しかし今後、家族信託の知名度が上がれば、ひな型も多く出回ってくるでしょう。不動産会社にとっても普通の案件になるはずです。そうすれば、家族信託のハードルはかなり低くなることは間違いありません。

7 親に「負の財産」がある場合は、相続放棄を視野に入れる

◎相続するか、しないかを判断

親が土地・建物と同時に、借金を抱えたまま「負の財産」を遺して亡くなるケースもあります。この場合、そのまま相続すると、相続した人は「負の財産」も引き継ぐことになります。

たとえばマンション住まいで、管理費などの滞納があると相続人に支払義務が生じます。また、株などで数千万円の借金があると、普通に相続（**「単純承認」**）をすると、親の家だけでなく、数千万円の借金もついてきます。

そんなときは、相続を放棄するのも選択肢となります。それが**「相続放棄」**と呼ばれる方法です。

◎相続には「限定承認」という方法も

相続放棄は、相続人同士の同意は必要なく、自分で決めることができます。相続人全員が相続放棄をした場合は、被相続人の親、被相続人の兄弟姉妹に権利が移るので注意が必要です。

ちなみに、相続放棄をすると「負の財産」だけでなく、「プラスの財産」も手放すことになります。そこで、遺産を相続し、借金があれば、その範囲内で返済する**「限定承認」**という方法もあります。

相続放棄は、相続が発生して3カ月以内に、親の住んでいた地域を管轄する家庭裁判所に申請をしなければいけないので、早めに行動しましょう。

相続の種類と相続順位

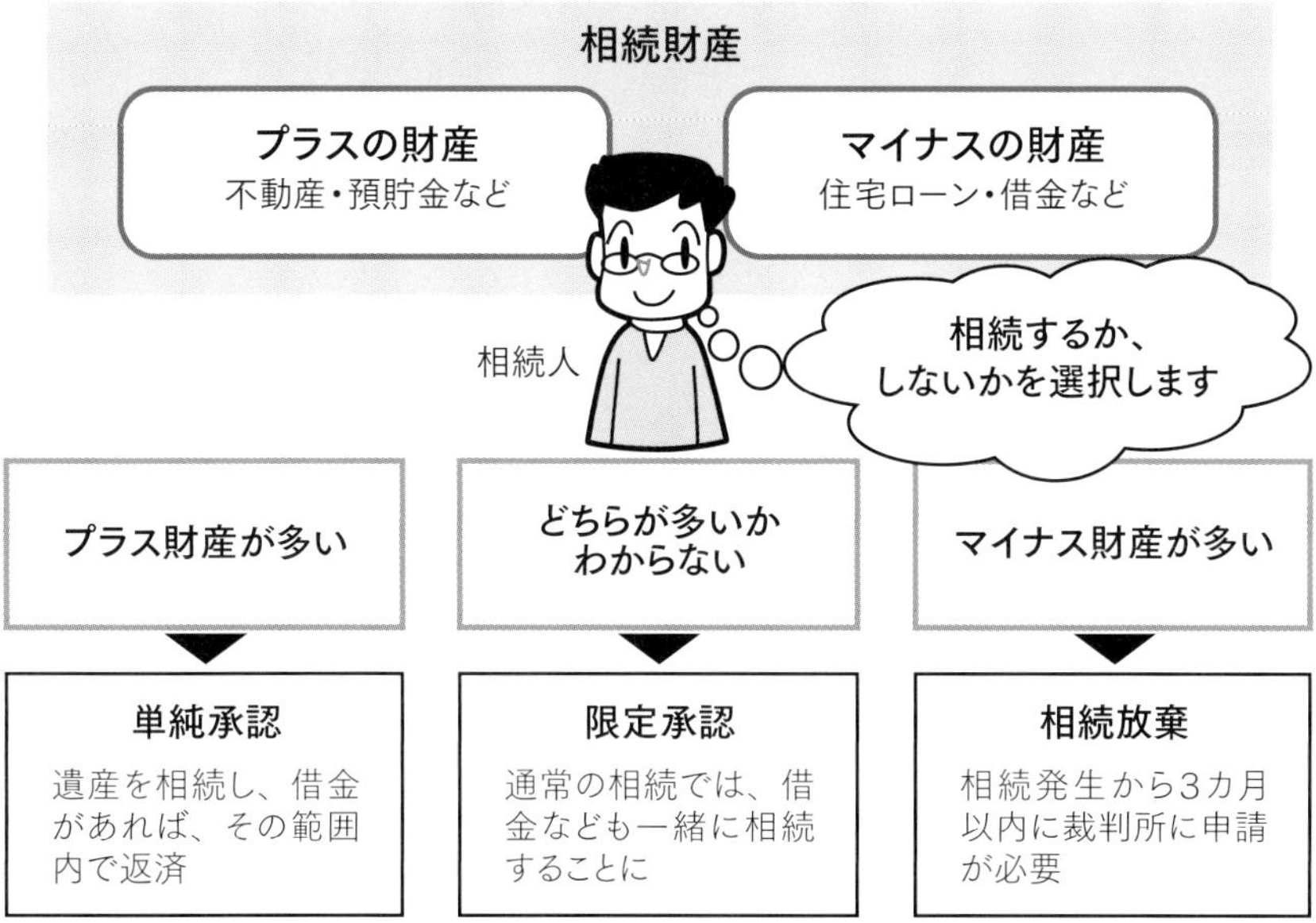
相続財産
プラスの財産
不動産・預貯金など
マイナスの財産
住宅ローン・借金など
相続人
相続するか、
しないかを選択します
プラス財産が多い
どちらが多いか
わからない
マイナス財産が多い
単純承認
遺産を相続し、借金があれば、その範囲内で返済
限定承認
通常の相続では、借金なども一緒に相続することに
相続放棄
相続発生から3カ月以内に裁判所に申請が必要

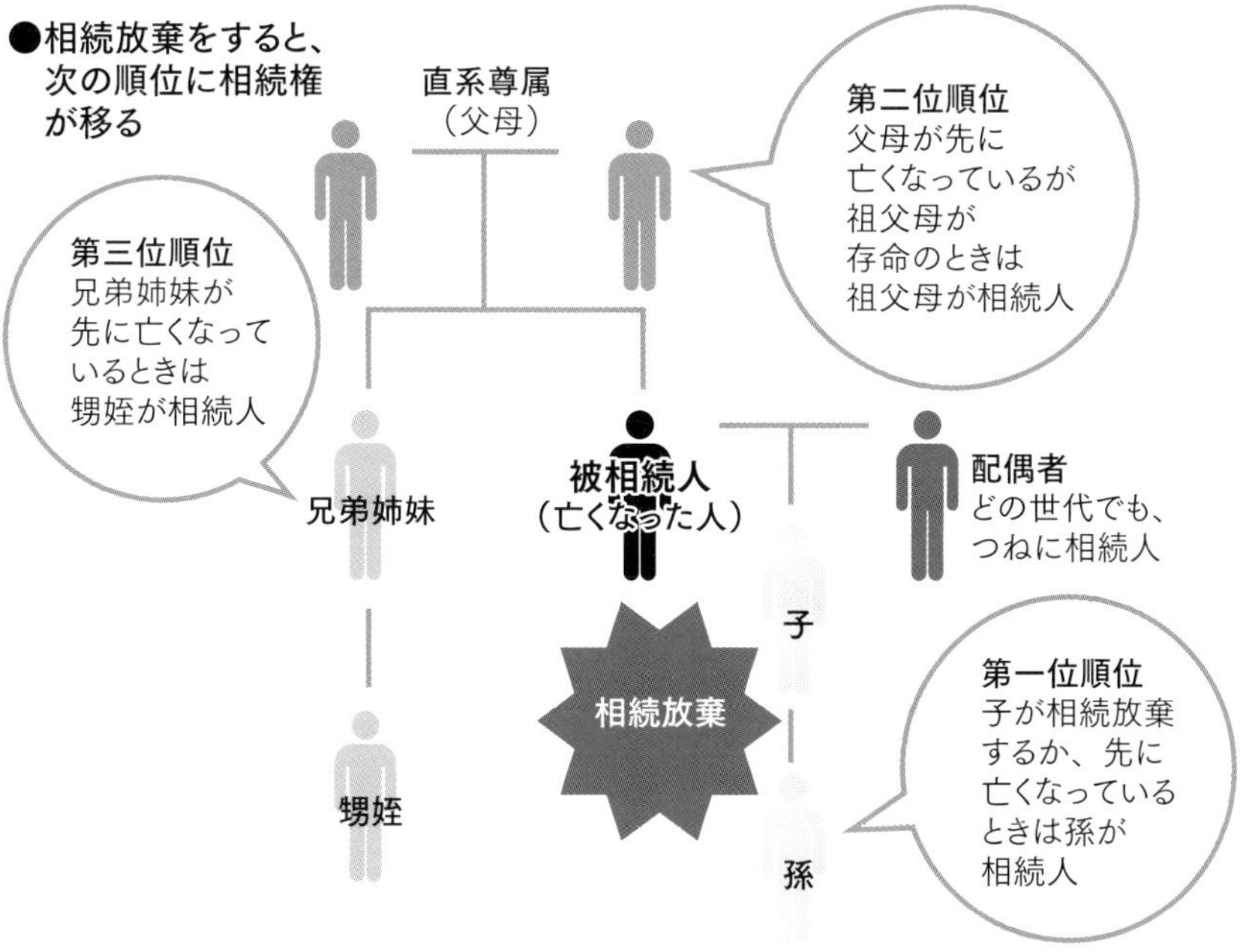
●相続放棄をすると、次の順位に相続権が移る
直系尊属
（父母）
第二位順位
父母が先に
亡くなっているが
祖父母が
存命のときは
祖父母が相続人
第三位順位
兄弟姉妹が
先に亡くなって
いるときは
甥姪が相続人
兄弟姉妹
被相続人
（亡くなった人）
配偶者
どの世代でも、
つねに相続人
子
相続放棄
甥姪
孫
第一位順位
子が相続放棄
するか、先に
亡くなっている
ときは孫が
相続人

8 親が認知症になると、どんなことに困るの？

◎誰もがなり得る「認知症」の恐ろしさ

認知症とは、病気やケガによって脳に障害が生じることで起きる症状のことをいいます。

その原因によって症状は違ってきますが、共通点として「記憶障害」「理解・判断能力の障害」「実行機能障害」などが起こり、それまで普通にできていたことが、段階を追ってできなくなっていきます。

「うちの親は元気だから大丈夫」と思うかもしれませんが、**65歳以上の高齢者の7人に1人が認知症になっている時代**です。厚生労働省の調査では、2025年には5人に1人が認知症になると予想されており、誰もがなり得る病気といえます。

◎不動産取引では意思確認が必須

親が亡くなると銀行口座が凍結されることは知られていますが、認知症になったときも預金をはじめ、証券取引、年金の振込口座まで凍結されます。介護や医療費用、生活費さえ引き出せなくなります。

それと同様に、親が認知症になると不動産取引にも大きな影響を及ぼすことはあまり知られていません。自分で書類を書いたり、相手の問いかけにきちんと答えることができなくなるためです。

不動産取引では、通常、名義変更（登記）の手続きは司法書士が行います。その過程で、不動産の名義人を前にして「この不動産を売却してＯＫです

65歳以上の認知症患者の将来推計

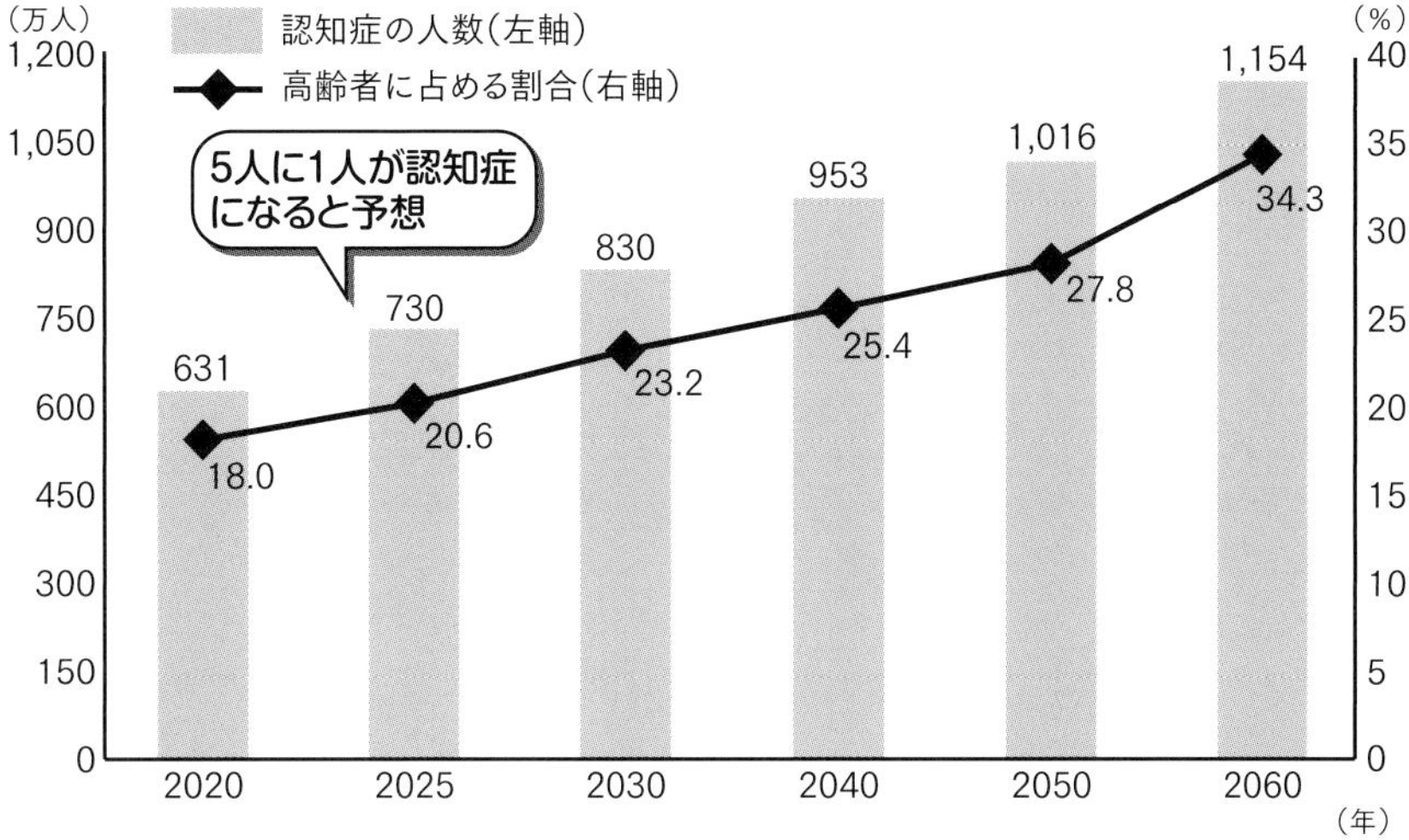

※各年齢の認知症有病率が上昇する場合の将来推計
出典：厚生労働省「認知症施策推進総合戦略～認知症高齢者等にやさしい地域づくりに向けて（新オレンジプラン）」をもとに作成

ね？」という意思確認が必ず行われます。

ここでしっかりと意思表示ができないと、**契約は無効**になるからです。認知症の症状が初期段階であれば、意思表示を示せる可能性はゼロではありませんが、症状が進めば100％不可能です。

◎親の家の売却はほぼ不可能

では実子であれば、親の家の売却手続きはできるのでしょうか？　たとえば、認知症の親を老人ホームに入れる際は、本人の家を売って、その資金に充てるケースも少なくありません。

しかし、答えはNOです。さらに、認知症の父親が名義人の場合、母親が売却手続きをすることも、かなり難しいといわざるを得ません。その逆も、またしかりです。父親と母親の共同名義の場合も、一人が認知症になれば、家の売却は無理です。

このように親が認知症になると、親の家はいわゆる〝凍結〟状態に陥ります。だからこそ、親が元気なうちに次ページからの対処が必要になるのです。

9

成年後見制度で、親の家を売却する

◎認知症患者を支援する成年後見制度

親の家を子どもが売却する場合に有効になる「不動産の名義変更」や「家族信託の活用」には、大きな条件があります。名義変更などの手続きをする際、家の名義人である親が、「認知症ではない」という点です。もし親が認知症であれば、不動産の名義変更も家族信託の活用も不可能になります。

では、親が認知症になってしまった後、どうしても親の家を売却しないといけない事態になったら、どうしたらいいのでしょうか。

このとき選択肢となるのが**「成年後見制度」**の利用です。認知症を患うと、判断能力が衰えるため、各種契約や預貯金の管理が難しくなります。そうした人を、家庭裁判所の監督のもと、法的に支援するのが成年後見制度です。

◎判断能力に応じて支援を受ける

成年後見制度は、大きく**「法定後見制度」**と**「任意後見制度」**の2つに分けられます。

任意後見制度は判断能力があるうちに、将来の判断能力の低下に備え、開始する制度です。そして**判断能力がすでに不十分な人を支援する場合は、法定後見制度を利用**します。

法定後見制度は、さらに**「後見」「保佐」「補助」**の3つの類型に分かれ、判断能力の程度によって、

法定後見制度と任意後見制度の違い

	法定後見制度			任意後見制度
	後見	保佐	補助	
判断能力	判断能力が常時欠けている	判断能力が著しく不十分	判断能力が不十分	判断能力があるうちに契約し、不十分になって開始
判断能力の程度	●日常的な買い物や金銭計算ができない ●家族の名前、自分の住所がわからない ●植物状態にあるなど	●日常的なことは自分でできるが、不動産売買、金銭貸借などは一人でできず、援助を必要とする	●重要な相続手続きについて、自分でできるかもしれないが、できるか危惧される	−
援助者	成年後見人	保佐人	補助人	任意後見人
監督人	成年後見監督人	保佐監督人	補助監督人	任意後見監督人
援助者の権限	日常生活に関する行為を除く、すべての法律行為の取消権・代理権	同意権・取消権 申し立てにより代理権	申し立てにより同意権・取消権・代理権	公正証書であらかじめ定めた法律行為の代理権

いずれかを選びます（上の図表を参照）。

「補助」に当たる人は、判断能力が不十分で、重要な相続手続きについて、自分でもできるかもしれないが誰かに代わってもらったほうがよい場合。「保佐」に当たる人は、判断能力が著しく不十分で、相続手続きについては補助を必要とする場合です。

そして、その人の判断能力が常時欠けている状態であれば、**財産に関するすべての法律行為が代行できる「後見」を選択するのが基本**になります。その人を支援するのが、**「成年後見人」**です。

◎支援を受けるまでの流れ

成年後見制度を申し立てる際は、その人の住所地を管轄する家庭裁判所に申立書を提出します。

そして申し立てをした後、審理（調査や審判）が行われ、裁判所の職員が申立人に事情を尋ねたり、問い合わせたりします。

また必要に応じ、家事審判官が直接事情を尋ねることや、その人の判断能力について、鑑定が行われ

成年後見制度の仕組み

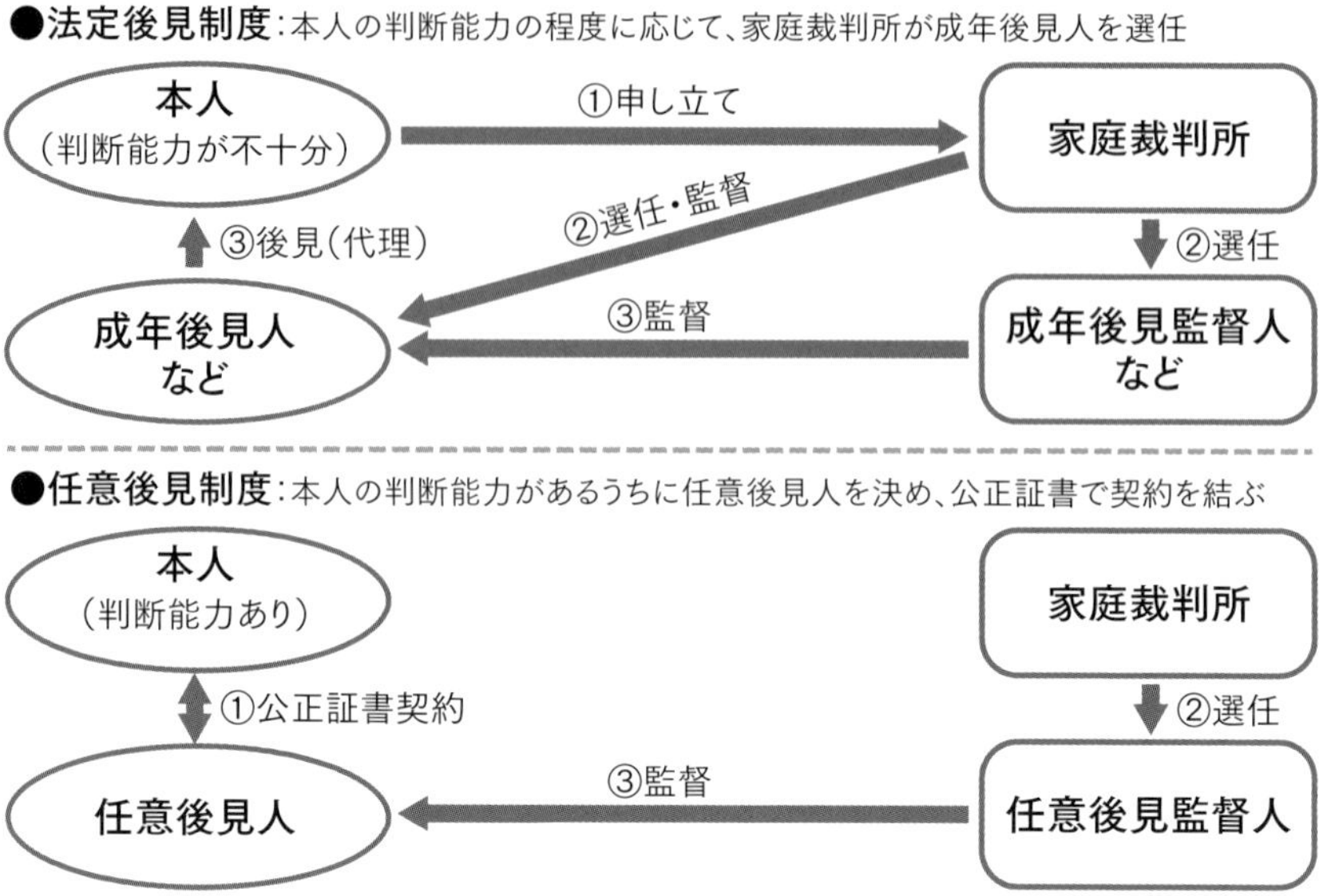

ることがあります（別途費用が必要）。

その後、成年後見人候補者の適性調査などを経て、多くの場合、申し立てから制度の利用開始までは3～4カ月程度かかります。

◎成年後見制度で何ができる？

成年後見人が選任されると、日常生活に関する行為を除くすべての法律行為（財産管理や身上監護）について、本人に代わって行ったり、必要に応じて取り消したりすることができるようになります。

このうち財産管理とは、現金や預貯金、不動産といった本人の財産の管理や、入院費の支払いなど、本人の日常の生活費の管理を行っていくというもの。そして身上監護とは、介護契約や施設入所契約の締結など、本人の生活や看護に関する支援を行っていくというものです。

つまり**成年後見人は、本人の財布を預かって、本人の代理人として、銀行窓口で預金を下ろすことができる**わけです。

法定後見開始までのおもな流れ

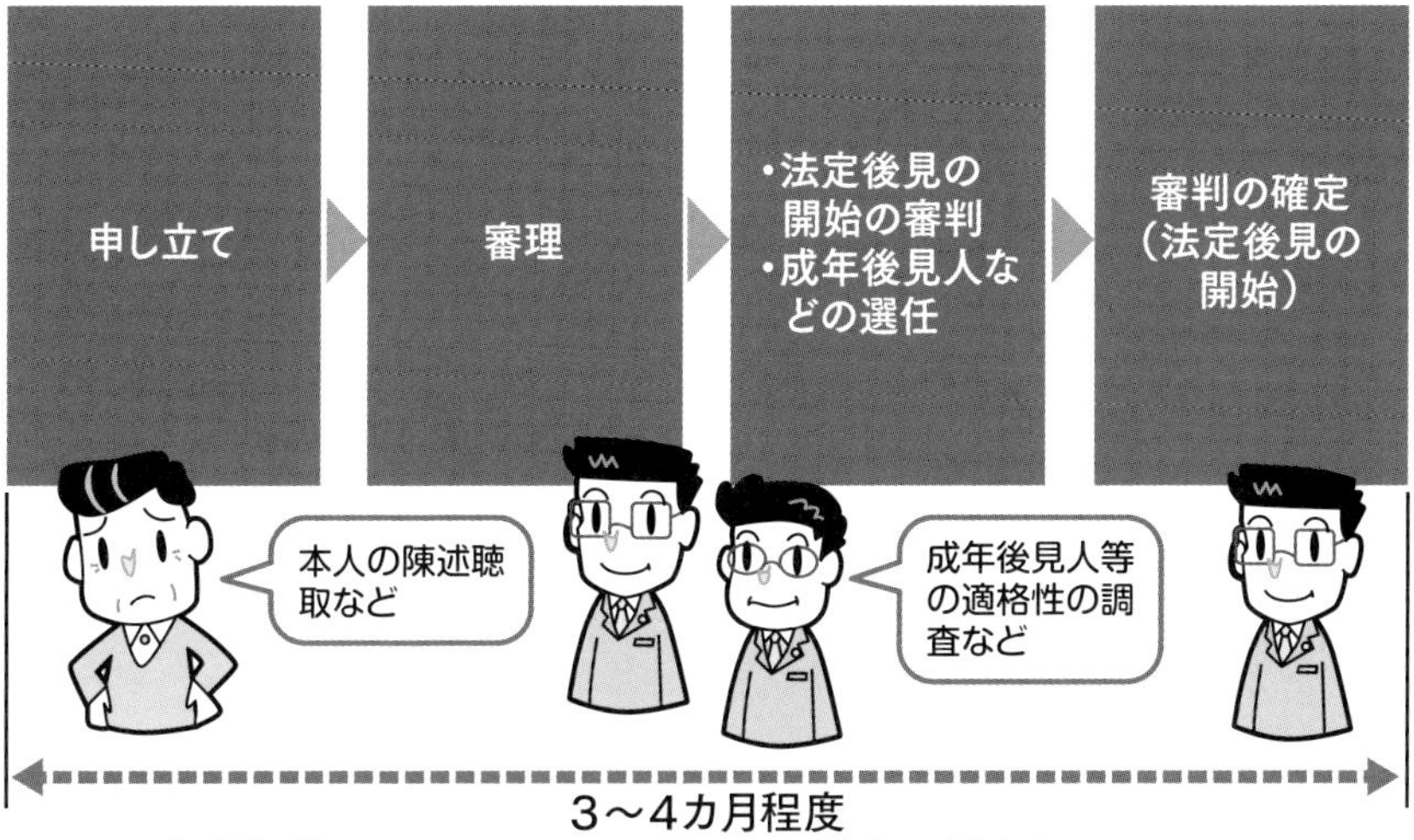

審理期間については、上記のほかに鑑定手続きなどのために一定の期間を要する。個々の事案により異なるので注意

不動産の売却についても、家庭裁判所に「なぜ家を売る必要があるのか」を、明確に伝えられれば可能になります。実際に利用されるケースを見ても、「成年後見制度を使おうとした動機」として全体の1割程度を占めているのが「不動産の処分」です（最高裁判所事務総局家庭局「成年後見関係事件の概況」2017年）。

◎使い勝手のよい制度は本当か？

ここまで読んで「かなり使い勝手のよい制度だな」と思った人も多いことと思います。

たしかに、この制度を使えば**親が認知症になっても、不動産の売却ができ、その費用を老人ホームに充てることができる**のです。

しかしながら、成年後見制度の利用は、慎重に決めなくてはいけません。「便利そうだから、使おう」と安直に考えても、子どもが成年後見人になれるとは限らず、あとで取り返しのつかない後悔をすることになるのです。詳しくは次ページで紹介します。

成年後見制度は「最終手段」として捉える

◎司法書士などが選任されると年24万円！

「不動産の売却ができない」ことを各所に相談すると、多くの場合「成年後見人を立てれば大丈夫です」といわれます。そこで知っておくべき点は、たとえ**子や親族が自分の親の成年後見人になろうとしても、必ずしもなれるとは限らない**ということです。

後見人の決定権は裁判所にあり、「この人には任せられない」と判断すれば、**弁護士や司法書士などの専門職後見人が選ばれる**のです。そして、年間24万円以上という高額な報酬を払う必要が生じます。

無事、子が成年後見人に選ばれても、安心はできません。成年後見人を監督する**成年後見監督人**（弁護士や司法書士など）がつくケースがあるからです。この場合も、同額の報酬が発生します。

なぜ、このようなことが起きるかといえば、家庭裁判所では、子や親族が成年後見人になると、不正が起こりがちだと考えているからです。

◎「後見制度支援信託」を利用する

さらに覚えておきたいのは、この**制度は、親が亡くなるまで続く**という点です。不動産の売却が終わっても、やめることはできないのです。

この制度を使う場合は、できる限り、専門職後見人や成年後見監督人が選任されないようにするべきです。そのために、成年後見制度のなかの仕組みで

成年後見制度のメリット・デメリット

メリット	デメリット
●本人が交わした不当な契約を取り消せる 判断を誤って不当な契約をしてしまった場合など、取り消す権利が認められる **●本人に代わって各種契約を交わすことができる** 遺産相続などで必要とされる契約を、代理で交わすことができる **●本人のための生活費などを金融機関の口座から下ろせる** 食事代や医療費など、本人が日常的に使う費用は、本人の金融機関の口座などから下ろすことができる **●財産からの出費が多い場合、その調整ができる** 財産管理を行ううえで、無駄な生命保険の解約など、収支バランスを考えて調整できる	**●成年後見人に選任されたらやめられない** 親が亡くなるまで続く制度であり、基本的にやめられない **●成年後見監督人がついたら年間24万円以上の費用が発生** 成年後見人になると、その行動を見守る成年後見監督人がつくことがあり、月2万円以上かかることも **●家族のための費用が下ろせない** 過去に了解を得ていても、家族のために財産を使うことが難しく、応用が利かない **●遺産相続は法定相続分のみ** 遺産相続は「法定相続に従う」と「相続人同士の話し合いで決める」の方法があるが、後者はできない

ある**「後見制度支援信託」**を利用する手があります。

前述のように親族の成年後見人による不正行為が数多く発覚するようになったことから、２０１２年から開始されたのが、後見制度支援信託です。

この制度は、本人の財産のうち、**日常生活を送るのに十分な額の預貯金だけを、これまでの金融機関の口座に残し、残りを信託銀行などに預ける**というもの。あらかじめ成年後見人が勝手に引き出せないようにする仕組みといえます。この仕組みに沿った信託商品は、三井住友信託銀行、みずほ信託銀行、三菱ＵＦＪ信託銀行などで扱っています。

最近では、家庭裁判所も、最初の面談の席で「後見制度支援信託を使うか、あるいは専門職後見人を立てるか」を聞くケースが増えているので、「後見制度支援信託を利用します」と答えましょう。

ただし面談時に、**後見制度支援信託についていっさい触れられないこともあります。**その場合は、専門職後見人や成年後見監督人が選任される可能性が高いので慎重に判断しましょう。

監修者の運営サイト

https://www.makino-fp.com/

牧野FP事務所合同会社

〒467-0823
愛知県名古屋市瑞穂区津賀田町2-86
TEL/FAX 052-841-7830

【監修者紹介】
牧野寿和（まきの ひさかず）

CFP®、1級ファイナンシャル・プランニング技能士
日本で唯一の「人生の添乗員®」
1958年名古屋生まれ。大学卒業後、約20年間旅行会社に勤務。出張先のロサンゼルスでファイナンシャルプランナーに出会い、その業務に感銘を受けてFP事務所を開業。その後16年間、どの組織にも属さない「独立系」FPとして個別相談業務を行うとともに、セミナー講師としても活動している。「人生を旅にたとえ、お金とも気楽につきあう」を信念に、日本で唯一の「人生の添乗員®」と名乗り、誰にでも必要なお金のことを気軽に考えてもらえる社会をめざして活躍中。また、自らも不動産の賃貸経営を手がけ、不動産経営や投資の相談にも数多くのアドバイスやプランニングをしている。「MONEY VOICE」「ARUHIマガジン」「マイナビ」などへのコラム執筆のほか、共著書に『銀行も不動産屋も絶対教えてくれない！ 頭金ゼロでムリなく家を買う方法』（小社刊）がある。

STAFF／企画・編集：sumica(株式会社ノート)
執筆協力：三浦顕子、伊藤彩子、永峰英太郎、石渡真由美
カバーデザイン：桑山慧人　まんが：佐藤隆志　DTP：D-Rise 椛澤重実

本書の内容に関するお問い合わせは、お手紙かメール（jitsuyou@kawade.co.jp）にて承ります。
恐縮ですが、お電話でのお問い合わせはご遠慮くださいますようお願いいたします。

「空き家」に困ったら最初に読む本

2019年8月20日　初版印刷
2019年8月30日　初版発行

監修　牧野寿和

発行者　小野寺優
発行所　株式会社河出書房新社
〒151-0051 東京都渋谷区千駄ヶ谷2-32-2
電話　03-3404-1201（営業）
　　　03-3404-8611（編集）
http://www.kawade.co.jp/

印刷・製本　三松堂株式会社

Printed in Japan　ISBN978-4-309-28746-1